Fabio Benites

# A Academia de Leonardo

Lições sobre Empreendedorismo

*A Academia de Leonardo - Lições sobre Empreendedorismo*
*Copyright© Editora Ciência Moderna Ltda., 2012*

Todos os direitos para a língua portuguesa reservados pela EDITORA CIÊNCIA MODERNA LTDA.

De acordo com a Lei 9.610, de 19/2/1998, nenhuma parte deste livro poderá ser reproduzida, transmitida e gravada, por qualquer meio eletrônico, mecânico, por fotocópia e outros, sem a prévia autorização, por escrito, da Editora.

**Editor:** Paulo André P. Marques
**Produção Editorial:** Aline Vieira Marques
**Assistente Editorial:** Laura Souza
**Capa:** Daniel Jara
**Diagramação:** Carlos Arthur Candal

Várias **Marcas Registradas** aparecem no decorrer deste livro. Mais do que simplesmente listar esses nomes e informar quem possui seus direitos de exploração, ou ainda imprimir os logotipos das mesmas, o editor declara estar utilizando tais nomes apenas para fins editoriais, em benefício exclusivo do dono da Marca Registrada, sem intenção de infringir as regras de sua utilização. Qualquer semelhança em nomes próprios e acontecimentos será mera coincidência.

## FICHA CATALOGRÁFICA

*TEIXEIRA, Fabio Roberto Benites*

*A Academia de Leonardo - Lições sobre Empreendedorismo*

Rio de Janeiro: Editora Ciência Moderna Ltda., 2012.

1. Aprendizagem-ensino.
I — Título

ISBN: 978-85-399-0243-9                         CDD 373.27

Editora Ciência Moderna Ltda.
R. Alice Figueiredo, 46 – Riachuelo
Rio de Janeiro, RJ – Brasil   CEP: 20.950-150
Tel: (21) 2201-6662/ Fax: (21) 2201-6896
E-MAIL: LCM@LCM.COM.BR
WWW.LCM.COM.BR

Agradeço aos meus irmãos e sócios, Gustavo e Marcio,
que tanto me ensinaram sobre o tema; e aos amigos Leila e Raphael
pelo carinho e dedicação na revisão desta obra.

# PREFÁCIO

Fim de noite. Finda mais um dia. Algo de imóvel e reflexivo parece surgir de dentro de mim. Surpreendo-me com a singularidade do momento. Fecho o livro e já começo a sentir falta de todos os personagens... Tão vivos há instantes, preenchendo meus poucos momentos livres. Tão irremediavelmente ausentes agora. O quarto ainda guarda o eco de suas vozes por mim imaginadas. Ou por mim já ouvidas nas tantas salas de aula por onde passei...

Conheci Leonardo ainda bem menino. E ele entrou na minha história sem pedir licença. A sensação que tive ao terminar a leitura de *A Academia de Leonardo 2*, com nosso menino já mais crescido, adolescente, foi a de revisitar essa época intensa, dolorosa, confusa, feliz, em que se acredita ter o mundo dentro de si. E é isso que torna os adolescentes, com os quais convivemos em nosso cotidiano, tão fascinantes e tão encantadoramente complexos.

O autor, meu aluno um dia e hoje meu colega-amigo-professor-afilhado--companheiro do acreditar na Educação como saída, surpreendeu-me nessa sua incursão pela Literatura. E - por que não confessar? – à medida que o ia lendo, seu texto despertava-me o interesse e a admiração, ainda que por muitas vezes ele não aceitasse minhas observações sintáticas, semânticas, morfológicas. Não importa. Menino de adorável cabeça dura, desde a época de sua adolescência... Experimentar-se escritor, perceber que era possível trabalhar a vitalidade da palavra que ansiava por ser expressa. Fantástico. Quase consigo ver a cena do entreolhar-se de texto e escritor. O resultado está aí: personagens que instigam, provocam, fascinam. Assim como tantos outros Leonardos, Fábios, Lenas, Gustavos, Sids, Anas, Márcios... Estar com vocês, admiráveis personagens, foi descobrir a possibilidade de acreditar que com a ética conseguiremos ter um mundo melhor. Conviver com vocês foi aprender que o jovem é capaz, sim, de empreender e de criar um mundo mais justo. Seguir com vocês, nas páginas, que, com avidez, já estou aguardando, é a certeza da conscientização de que precisamos deixar para quem vier um mundo sustentável. E essa é a mensagem do livro. Que venha, então, o próximo, permitindo-me entrar na vida de seus adolescentes que se descobrem ou nos (des)cobrem de roupagens por vezes incômodas, mas sempre questionadoras e necessárias.

Leila Noronha
Professora e Coordenadora de Ensino Médio

# Sumário

A Academia .................................................................................... IX
Capítulo 01 ...................................................................................... 1
Capítulo 02 ...................................................................................... 9
Capítulo 03 .................................................................................... 15
Capítulo 04 .................................................................................... 19
Capítulo 05 .................................................................................... 23
Capítulo 06 .................................................................................... 27
Capítulo 07 .................................................................................... 35
Capítulo 08 .................................................................................... 43
Capítulo 09 .................................................................................... 49
Capítulo 10 .................................................................................... 55
Capítulo 11 .................................................................................... 57
Capítulo 12 .................................................................................... 63
Capítulo 13 .................................................................................... 69
Capítulo 14 .................................................................................... 75
Capítulo 15 .................................................................................... 79
Capítulo 16 .................................................................................... 83
Capítulo 17 .................................................................................... 87
Capítulo 18 .................................................................................... 93
Capítulo 19 .................................................................................... 97
Capítulo 20 .................................................................................. 103
Capítulo 21 .................................................................................. 107
Capítulo 22 .................................................................................. 113
Capítulo 23 .................................................................................. 117
Capítulo 24 .................................................................................. 123
Capítulo 25 .................................................................................. 127
Capítulo 26 .................................................................................. 131
Capítulo 27 .................................................................................. 133
Capítulo 28 .................................................................................. 139
Capítulo 29 .................................................................................. 147
Capítulo 30 .................................................................................. 153
Capítulo 31 .................................................................................. 157
Capítulo 32 .................................................................................. 163

Capítulo 33 ............................................................................................ 165
Capítulo 34 ............................................................................................ 167
Capítulo 35 ............................................................................................ 173
Capítulo 36 ............................................................................................ 179
Capítulo 37 ............................................................................................ 183
Capítulo 38 ............................................................................................ 189
Capítulo 39 ............................................................................................ 195
Capítulo 40 ............................................................................................ 199
Capítulo 41 ............................................................................................ 207
Capítulo 42 ............................................................................................ 219
Bibliografia ........................................................................................... 225

# A Academia...

O título do livro é uma homenagem e uma referência à Academia de Atenas, fundada por Platão, em 387 a.C.

Homenagem por se tratar de um marco na história da educação mundial. Referência, pois algumas situações vivenciadas pelo protagonista têm características comuns com as experiências vividas pelos membros da Academia de Platão. Considerada a primeira escola de Filosofia, os membros produziam o conhecimento e não simplesmente recebiam as informações prontas. O processo de aprendizagem primava pela busca individual e pela dialética, debate permanente entre os membros, que utilizavam método socrático, de constante questionamento.

Dessa forma, a presente obra tem por objetivo informar e incentivar a busca pelo conhecimento, além de desenvolver no leitor uma maior capacidade de análise e reflexão, facilitando seu caminho na busca do maior objetivo de todo ser humano, a felicidade.

## ... de Leonardo

# CAPÍTULO 01

A motocicleta, uma Harley-Davidson V-Rod, cruzava rapidamente a pista. Moderna e potente, a máquina gira em alta velocidade. O motociclista sente-se livre e poderoso. Após mais uma curva, observa a placa onde lê ROUTE 66. Ele trilhava em potentes duas rodas a histórica estrada americana, que alimentara seus sonhos durante tanto tempo. A velocidade não indica pressa, mas prazer em sentir o vento forte em seu rosto.

Desce um morro e, ao encontrar um posto com um bar ao lado, resolve fazer uma parada. Não precisa abastecer, mas percebe outras Harley encostadas e gostaria de se enturmar.

Estaciona a máquina e abre a porta com violência. Encontra um ambiente repleto de pessoas tomando cerveja em canecas gigantes, vestidas com casacos de couro. Senta-se junto ao bar e bate na mesa, demonstrando que exigia ser atendido imediatamente. O *barman* não demora e pergunta o que ele quer beber:

- Um refrigerante light.

O *barman* estranha um motociclista pedindo refrigerante, mas traz a bebida em um copo de plástico. Depois do primeiro gole, vira-se para o meio do bar, onde há três mesas de sinuca, e observa as pessoas. Quase todos são homens bebendo e conversando, com vozes tão fortes, que até parecem estar em uma briga generalizada. O ambiente aparenta uma enorme desordem, e o homem se depara com uma imagem belíssima, que se destaca na multidão. Uma mulher alta, de lindos olhos verdes e cabelos longos e dourados sentada no colo de um homem horrendo que mais parece um ogro. O motociclista, por um momento, não consegue imaginar o motivo de uma mulher tão linda estar com tamanho brutamonte. Entretanto, ela parece entretida[1] até o momento em que seus olhos encontram os de Leonardo. Seu rosto agora denota uma mistura de encantamento e descoberta, ela levanta, deixando seu suposto namorado assustado, e caminha no sentido de Leo, que continua a admirá-la do bar. A trajetória é decidida e mágica. Os dois corpos se encontram e grudam em um cinematográfico beijo. Leo tem a sensação de que

---

1 Entretida: se divertindo

o beijo não terá fim. A adrenalina se espalha deixando seu corpo trêmulo, e seu jovem coração palpitando mais forte do que nunca. Os lábios deixam de se tocar, e os dois se entreolham apaixonadamente com as testas coladas, seguido por um abraço carinhoso. Leo apoia a cabeça de sua nova paixão em seu ombro, fecha os olhos e pensa: *"encontrei o amor da minha vida"*.

Ele percebe que ela se estica para sussurrar algo em seu ouvido e abaixa sua cabeça para ouvi-la:

- Leo?
- Sim.
- Leo, acorda!

A voz tinha um tom sério para o clima do momento, e ele não entende.

- Quê?
- Acorda, garoto! Vamos logo!

Ainda sonolento, tem forças para reclamar.

- Pô, mãe! Estava tendo um sonho maneiro!

\* \* \*

Leo chega à escola atrasado, no seu primeiro dia após as férias. Agora, está indo para o 9º ano e já se acha um adulto – inclusive dispensou a carona da mãe, preferindo ir de ônibus sozinho. Sid, seu inseparável amigo, **não** o está esperando na porta como sempre, apesar do combinado no dia anterior, pois sendo um bom aluno chegou na hora e está no momento assistindo à primeira aula, em sala.

- E aí, Leonardo? Mais um ano e você continua chegando atrasado, hein? – Davi, um dos inspetores, conhece bem todos os alunos. – No final do ano passado, você deu uma melhorada, mas parece que foi passageiro...

- Não foi mesmo, Davi. É que hoje foi a primeira vez que vim sozinho, de ônibus, e levou mais tempo que eu pensava. Amanhã, chegarei na hora.

- Acho bom para você. Porque hoje você já está levando um atraso na caderneta.

- Já?! Mas é o primeiro dia...

- Você conhece a sua escola e o seu diretor, não é? Já está aqui há algum tempo. Por que a surpresa?

Leo não contesta e aceita a determinação. Realmente, já está na escola há mais de três anos e conhece o Napoleão e suas regras rígidas. Terá que esperar o primeiro tempo de aula terminar para poder entrar e matar a saudade de seus amigos. Olha ao redor do pátio, onde outros alunos aguardam com ele, e só reconhece uma parte dos colegas.

- *Caramba! Quantos alunos novos! Será que muita gente mudou na minha turma?*

Ele sabe que encontrará Sid e Teresa, seus melhores amigos. O chato do Chico, com mania de engraçadinho também, assim como o metido e *nerd* do Heitor. Todos já haviam conversado via *chat* e confirmado suas matrículas na mesma escola.

Durante as férias, Sid e Teresa viajaram com suas famílias, e os três amigos passaram pouco tempo juntos. Leo já estava ansioso para contar sobre suas férias, suas conversas com seu tio Alexandre e o negócio que este e seu pai estão abrindo. Quer saber também como foi a viagem de Sid para o Nordeste e dos tempos que Teresa passou com a família de sua mãe, no interior de Minas. Hoje, a ansiedade aumentou, pois ficou muito intrigado[2] com seu sonho e precisa contar para alguém. Obviamente, esse alguém é o seu melhor amigo, Sid.

Trinnnnn!!!!!

Toca o sinal e Leo pode subir para a sala de aula. Chega à entrada de sua sala, bate na porta e abre vagarosamente.

- Posso entrar, professora?

É a professora de História de quem Leo tanto gosta. Fica feliz por ela continuar com a turma.

- Pode sim, Leonardo. Já iria perguntar a seus colegas onde você estava.
- É que cheguei atrasado... – Leo fala baixinho, sem graça.
- Tudo bem. – a professora corta, percebendo a timidez do aluno com o assunto.
– Vai entrando e se orienta, pois estamos conhecendo seus novos colegas.

Porém, Leo não consegue prestar atenção. Como chegou atrasado, acabou sentando no fundo da sala longe de seus amigos.

- Vamos fazer o seguinte. Preciso de um voluntário para apresentar a escola para cada um dos novos alunos, ok? Levantem as mãos aqueles que estão entrando na escola. – a professora promove uma dinâmica para ambientar os calouros.

Cerca de cinco levantam as mãos.

- Qual o seu nome?
- Alberto.
- Quem quer ficar com o Alberto?

A turma toda dá uma risada leve, mas demorada. A professora entende o motivo.

- Calma, gente! Quero dizer ajudar o Alberto a conhecer a escola.

---

2 Intrigado: ancioso na dúvida

- Aaahhhhh. – a turma acompanha a brincadeira, mas ninguém atende ao pedido da professora.

Leo poderia se voluntariar, já que aprendeu nas lições sobre Ética a se colocar no lugar do outro e ajudar de boa vontade, mas continua distraído procurando Sid pela sala.

- Eu ajudo, professora. – Carmem responde ao chamado.
- Valeu, Carmem! Um ponto na prova pela ajuda.
- Você encostada na parede, qual o seu nome?
- Tatiana.
- Quem quer ajudar a Tati?
- Eu!
- Eu!
- Me escolhe!

Toda turma ergue as mãos, até os alunos novos.

- Estava brincando com a Carmem sobre os pontos, pessoal.
- Ahhh – os alunos ficam desanimados.
- Mas vocês podem ajudar mesmo assim.
- Eu ajudo, professora. – Sid se apresenta.

Finalmente, Leo localiza seu amigo. Porém, Sid não percebe que, no fundo da sala, ele está tentando entrar em contato. Ansioso, Leo resolve escrever um bilhete, pois tem urgência com os "assuntos importantes".

- Próximo, qual o seu nome?
- Juan, professora.

A sala fica em um grande burburinho após a apresentação deste novo aluno.

- Quem quer ficar com ele?

A professora ficou sem entender quando umas cinco meninas, entre elas Teresa, levantaram as mãos para ajudar o menino.

- Ué! Repentinamente[3], vocês ficaram tão prestativas!? E só as meninas!

Risadinhas contidas.

- Ciça. Você pode ajudar o Juan.

O papel chega até Sid, que abre e lê. Sid se assusta, pois o bilhete é enorme e, aparentemente, Leo está contando um sonho que teve. O fato relembra a Sid como seu amigo é ansioso, enquanto ele, mais equilibrado, resolve não responder. Simplesmente, acena para que o Leo aguarde o intervalo e possam conversar.

- Seu nome? – a professora continua a apresentar os novos.

---

[3] Repentinamente: de repente

- Helena.
- Quem quer ajudar?
Heitor levanta sua mão rapidamente.
- Tudo bem, Heitor. Você ajuda.
Depois, a professora apresentou mais um menino e começou a aula, registrando que o 9º ano seria uma série de revisão, porém de muito conteúdo e por isso iniciaria a matéria no primeiro dia. Leo teve dificuldade de manter a atenção, pois queria porque queria falar com Sid e Teresa. Essa desconcentração, durante toda a aula, custaria caro mais à frente.

\* \* \*

Termina a aula de História e a professora libera os alunos para o intervalo. Perto da porta, Leo é um dos primeiros a sair, até porque copiou pouco do que a professora colocou no quadro. Desce e vai direto guardar lugar na fila da cantina. Porém, seus amigos não descem. Chega a sua vez, e ele pede o de sempre: refrigerante *light* e *cheeseburger*.
- Oi, Leo! Como foram as férias?
- Foram ótimas, tia.
- E o comportamento? Não teremos problemas este ano, não é?
- Oh, tia Raquel, eu já pedi desculpa pelo que fiz ano passado e depois eu melhorei muito, não foi?
- É verdade. Estou brincando com você. Tome seu lanche. – Raquel, a tia da cantina, entrega o lanche de Leo após relembrar o evento do ano anterior.
Leo senta-se na mesma parte do pátio de sempre e começa a comer, mantendo seus olhos na saída da escada. A ansiedade pelo encontro com os amigos aumenta a cada aluno que desce. Ele termina seu lanche quando finalmente Teresa aparece.
- Oh, Tetê, onde você estava?
- Oi, Leo! Tudo bem? Eu fui ajudar a Ciça com o aluno novo.
- E a escola é tão grande para precisar de duas pessoas para apresentá-la?
- Ei, Leo, qual é a tua? Não posso querer ajudar o menino.
- A questão não é essa.
- E qual é a questão então?
- Você ajuda a Ciça e eu fico aqui sozinho? Isso não é justo!
- Sozinho? – Teresa mostra o pátio com alguma ironia – O pátio está lotado.
- Você entendeu. Cadê o Sid?

Teresa pede para Leo esperar e coloca a mão em um dos bolsos de sua calça e depois no outro.
- Não está aqui, não!
- Vai ficar me sacaneando?! Você está demais, hein! Eu fico te esperando aqui e é assim que me trata.
- Leo, você está muito chatinho. É tudo EU isso, EU aquilo, qual é... Acho que você teve um retrocesso[4] nas férias.

Leo tem vontade de responder, mas lembra que Fred, seu amigo terapeuta, ensinou-lhe a pensar bem antes de responder.
- Está tudo bem com você? – Teresa sempre consegue falar com doçura quando a ocasião exige.
- Estou, sim. É que fiquei com saudades de vocês.
- Ah, que lindo! Eu também estou com saudades.

Os amigos se abraçam e resolvem o pequeno desentendimento.
- Desculpe. Eu achei que o Juan precisava de ajuda.
- Juan? Quem é Juan? Você não foi ajudar a Ciça a apresentar o colégio?
- Sim...lógico. Fui ajudar a Ciça. – Teresa responde sem jeito, o que não é comum para ela.
- O que houve?
- Nada...
Trinnnnn!!!!!!

O sinal toca, Davi e Milton começam a chamar todos os alunos para subirem para suas salas, e Teresa consegue fugir de uma explicação que teria dificuldade.
- Vamos subir?
- Essa história está esquisita, depois você vai me explicar direitinho. – desconfia Leo.

Os dois sobem e Leo continua sem conseguir falar com Sid, que não desceu e só voltou para sala um tempinho depois da professora de Matemática. A mestra, mantendo o ritmo dos demais, também começou forte na matéria, não dando mole para os alunos. Depois da bronca de Teresa, Leo até prestou atenção nas aulas de Matemática e Sociologia, esforçando-se para segurar sua ansiedade.

* * *

---

4 Retrocesso: retrocedeu, voltou a um estudo anterior

- Galerinha, então já temos atividades para casa. Semana que vem eu vou corrigir.

O professor de Matemática, antes de liberar a turma, já passa tarefas para casa. Leo anota tudo e guarda seu material quando ouve uma voz familiar.

- Falaí, Leo! Tudo beleza?
- E aí, Sid?

Os amigos apertam as mãos e se abraçam rapidamente. Apesar de muito próximos, têm aquela questão masculina quadrada de não se abraçar muito, não chorar etc e tal. Os amigos saem juntos de sala e vão conversando no caminho até a porta da escola.

- Pô, cara, aonde você foi no intervalo? Fiquei te esperando lá em baixo.
- Você não viu que eu prometi à professora mostrar a escola para uma aluna nova, a Tati?
- Quando isso?
- Leo, você é desligado mesmo. Foi, simplesmente, no meio da aula.
- Nem vi isso. É que eu estava nervoso para te contar do sonho que tive essa noite.
- Não combinamos de almoçar na sua casa?
- Sim.
- Você não podia esperar?
- É mesmo. Agora, pensando melhor, você tem razão. Não sei por que fico tão inquieto[5].
- Você não fica inquieto. Você É inquieto!
- Tenho que reconhecer sua razão. – Leo fica pensativo e depois pergunta – Você acha isso um defeito?
- Sei lá, depende.
- Depende de quê?
- Não sei. Não mude de assunto. Não fique mandando bilhetes durante a aula, pois, se a professora pegar, vamos tomar o maior esporro.

Leo fica pensativo, lembrando-se da terapia que fez com o Fred e das conversas e debates que tiveram.

- É verdade. Já tinha parado de fazer isso. Sabe como é a volta às aulas. Mas fique tranquilo que não vou ter um retrocesso.
- Que palavra bonita?

---
5 Inquieto: agitado, nervoso

- Eu li em um livro. Mudando de assunto, e a Tati? É gatinha?
- Decida você.

Os amigos chegam até a porta da escola e encontram um grupo da turma conversando. Entre eles, dois novos, Alberto e Tati, que vem na direção da dupla.

- Oi, Sid.
- Oi, Tati. Este é meu amigo, Leo.
- Oi, Leo!
- Oi, Tati.
- Meninos, a galera aqui está combinando uma festinha no sábado só com o pessoal da turma. Vocês topam?
- Sim. – Sid é mais rápido e decidido que Leo.
- Eu também.
- Então, tá. Depois passo os detalhes para vocês. – avisa Tati.

Ela abandona a dupla e volta para o grupo em que estava, permitindo que Leo responda a pergunta de Sid.

- E aí? Achou ela gatinha?
- Achei. Uma gatinha daquelas bem esquisitas, tipo aquelas raridades de *petshop*.
- Que exagero, Leo! Só porque ela tem cabelo roxo, *piercing* nas duas orelhas e no nariz além de uma *tattoo* tribal em torno do pulso.
- É... só por isso.

\* \* \*

# CAPÍTULO 02

Os amigos chegam à casa de Leonardo famintos e, ao abrir, a porta de casa, que dá para a cozinha, encontram Déa, a "faz-tudo-do-lar" da família Gantes.

- Oi, Déa! – Leo cumprimenta.
- Oi, Leo! E aí, gordinho? – ela sempre provocava Sid, que dava liberdade.
- Déa, fique sabendo que eu emagreci nas férias.
- É mesmo? Olhando com mais cuidado, acho que tem razão. Você deve ter perdido uns 10 gramas, um pouco mais que esse sachê de açúcar. – provoca mostrando o saquinho em cima da mesa da cozinha.

Leo dá uma gargalhada. Déa sempre foi espirituosa[6].

- Qual é o rango de hoje? – Sid muda de assunto.
- Espaguete à bolonhesa.
- Humm... que delícia! – Leo suspira enquanto pega o prato para se servir.

Em seguida, Sid também serve seu prato com uma porção generosa, pegam seus refrigerantes *light* e se dirigem para o quarto de Leo.

Nas primeiras dez garfadas, nenhum dos dois fala uma palavra. Não dá para pensar em nada com fome, mas, depois que domaram a "fera", passam a comer devagar e conversar.

- E as férias? – Sid começa.
- Foram razoáveis, porque o papai está resolvendo a abertura de seu negócio com o tio Xandão e não pudemos fazer uma grande viagem. Passei quase todo tempo em casa, jogando bola no *play* e indo ao *shopping*. A única viagem foi em um final de semana, que fomos para Cabo Frio. E você?
- Viajamos durante três semanas pelo Nordeste. Voamos até Fortaleza, onde alugamos um carro. Fomos até Jericoacoara e voltamos. Cara, nunca fui em um lugar tão irado. É muito lindo! Não tenho palavras para descrever o pôr do sol e é praticamente uma vila, maior tranquilidade. Depois, fomos a outras praias maneiríssimas, próximas a Fortaleza. O tempo passou voando...
- Que bom! – Leo tenta demonstrar felicidade pelo amigo e disfarçar sua inveja.
- Ah, teve um dia...
- Sid, deixa eu te contar o meu sonho. – Leo não se segura e corta o amigo, que olha com cara de interrogação pela falta de educação. – Foi mal te cortar!

---

6 Espirituosa: bem humorada

- Não, tudo bem. Este sonho deve ser muito importante, desde cedo na escola você está nervoso para me contar.

- Estou mesmo. – Leo limpa as marcas do molho de tomate, ao redor de sua boca, e se prepara para iniciar o relato.

O garoto narra com detalhes – pelo menos aqueles de que se lembra – o seu sonho, da última noite. Sid acha muito esquisito e não consegue enxergar nenhum nexo[7] na história. Depois, Leo insiste e conta que no final de semana, almoçando na sua casa, Xandão contou, durante um bom tempo, como tinha sido sua viagem de moto pelos EUA.

- Ele saiu de Nova Iorque, foi até Chicago e depois pegou a Route 66 até Los Angeles. Foi parando em lugares diferentes, conhecendo pessoas, curtindo paisagens.

- Poxa, Leo, é óbvio que você se imaginou viajando de moto, porque seu tio contou a história dele. Aí você se projetou fazendo o mesmo.

- É mesmo! Por que não pensei nisso antes?

Sid faz uma cara de "que-garoto-tapado!" e depois de "mas-é-meu-amigo" e coloca uma questão:

- Agora... fiquei com uma dúvida: quem é a mulher do sonho?

Leo não havia pensado com maldade sobre a presença feminina no seu sonho.

- Ué! É uma mulher gostosa que estava no bar.

- Qual **é**, Leo? Então, a viagem de moto no sonho tem relação com sua vida real, mas a mulher não!? Decida se foi um sonho aleatório[8] ou se tem relação com a realidade.

- Sid, por que tudo no sonho tem que ter sentido? É uma mulher qualquer!!!

- Não, você não vai me enganar, não! – Sid se levanta e começa a andar pensativo pelo quarto. Enquanto isso, Leo fica aflito como se Sid fosse descobrir alguma coisa.

- Aposto que é a Carmem! – Sid afirma.

- Que isso?

- Você sempre teve uma quedinha por ela.

- Lógico que não! Ainda mais, no sonho a mulher era loira.

- E daí?

- Ué! Não tem que ter uma relação?

---

7 nexo: sentido
8 Aleatório: casual, não específico

- É mesmo. Quem pode ser? Não tem nenhuma loira na sala... – Sid se esforça para descobrir.
- Sid, pare de besteira. Vou te contar a verdade.

Sid para de andar pelo quarto e gruda os olhos no que Leo vai falar.
- Eu realmente sei quem é a mulher do sonho. É a "mulher dos meus sonhos!"
- Tu tá de sacanagem comigo?!
- Não, é sério. Quero dizer que a mulher do sonho é o modelo de mulher que eu tenho na minha cabeça. Se eu pudesse montar com Lego uma garota para namorar, seria uma loira, alta, cabelos longos, olhos verdes, peitos grandes, corpinho violão,...
- Já é difícil encontrar uma perfeição como essa, e mais difícil, ou impossível, seria você conseguir pegar. Hahahahahaha!

Leo iria responder, mas não teria como retrucar. Ele não tem problemas de autoestima, mas pegar uma menina como descreveu seria difícil até para o Zac Effron. Então, resolve concordar com Sid:
- Acho que você tem razão.
- Não se preocupe. Toda chave abre sempre uma porta e você terá uma grande oportunidade esta semana: a festinha da turma no sábado. A Tati estará lá.
- Tudo bem. Eu pego a Tati, se você ficar com a Ciça.
- A Ciça é até bonitinha...
- Que isso, Sid? Está desesperado? – Leo corta, irritado.
- Oh, Leo, você acha que pode ficar escolhendo, não é?
- Não é bem assim...
- Então como é? Você também não é nenhum artista de televisão. Quer dizer... poderia ser de comédia.
- Engraçado.
- Eu ficaria com a Ciça, mas a minha parada é outra.
- É mesmo??? – Leo fica curiosíssimo e se aproxima de seu amigo.
- Quem é? – pergunta, cutucando o braço do amigo.
- Não sei se ela gosta de mim.
- Fala logo, cara! – a curiosidade domina Leo.
- Hoje, não. Outro dia eu te conto. – Sid se levanta para ir embora.
- Não vai sair assim, né?
- Vou sim.

- Ah, não vai mesmo! – Leo se coloca entre Sid e a porta do quarto, que está fechada.
- Leo, você é meu amigo?
- Lógico, pode me contar.
- Então, se você é meu amigo, deve estar preocupado com a minha felicidade, certo?
- Sim, obviamente. Pode me contar que eu vou te ajudar.
- No momento, estarei feliz se você respeitar a minha vontade de não contar nada hoje, em vez de querer descobrir somente para fofocar e satisfazer sua curiosidade.

A lição de moral de Sid lembra até os papos com Fred. Leo sente-se mal e recua.

- Caramba, Sid. Foi mal.
- Você não aprendeu com o Fred que todos nós somos pessoas diferentes? Então, me deixa.
- Valeu, Sid, foi mal mesmo. Estou muito inquieto desde o sonho que tive.
- Leo, você teve esse sonho ontem.
- E?
- Não foi o sonho. Você é inquieto desde que nasceu. Na verdade, devia ser inquieto na barriga de sua mãe. Eu acho que você ficava chutando a barriga e dizendo: Deixe eu sair! No dia do seu parto, junto contigo, o médico deve ter recolhido um monte de bilhetinhos que você escreveu para mim, contando suas histórias de feto. Espera, poxa!

Os amigos riem e se divertem com os comentários de Sid.

- Valeu, Sid. Então, quando você quiser, pode contar comigo.
- Valeu, *brother*!

Os amigos tocam os punhos e se despedem. Sid parte para casa depois do bate-papo em que colocou as informações em dia. No caminho para casa, analisa se teria chance com a menina que domina seus pensamentos. Ele nem imagina que será uma história longa.

Leo permanece em seu quarto. Déa retirou os pratos, talheres e copos do almoço e ele sequer tirou o uniforme. Deitou em sua cama e, por algum tempo, tentou descobrir o amor secreto de seu melhor amigo.

- *Não pode ser a Ciça, ele nem ficou alterado quando falei no nome dela. Será que é a Carmem? Foi estranho ele ter dito que eu sempre tive uma queda por ela.*

Porém, depois a razão reapareceu.

*- Poxa, meu amigo pede para eu respeitá-lo, porque ele não quer falar agora sobre o assunto, e fico aqui especulando[9]. Isso não está certo! É muito difícil evitar a fofoca, mas é o correto e vou me esforçar.*

Leo tenta mudar de pensamento e, para preencher a cabeça, resolve entrar na Net e procurar seus outros amigos para falarem besteira e esquecer essas histórias de sonho e do amor secreto de Sid.

\* \* \*

---

9 Especulando: conjectuando, imaginando

# Introdução

## CAPÍTULO 03

- Primeiro, devemos nos perguntar por que queremos abrir um negócio.
- Como é que é, Xandão? Eu peço demissão, acreditando que estaria tudo certo entre nós e agora você vem com essa história de POR QUE DEVEMOS ABRIR UM NEGÓCIO?
- Alexandre, eu também não estou entendendo.

Carlos e Fernando expõem suas insatisfações mediante a possibilidade de furo de Alexandre.

- *Guys, sorry*. Não foi isso eu que quis dizer – Alexandre ainda falava algumas palavras em inglês sem perceber. – Eu quero dizer que, para escolher o negócio, devemos pensar em nossas motivações. Li um artigo esta semana que falava sobre os dois tipos de empreendedor: por necessidade ou devido a uma oportunidade. O primeiro ocorre quando o indivíduo perde o emprego, passa por algum aperto fortíssimo e coisas do gênero. O segundo surge quando, mesmo fora de uma situação de perrengue, o indivíduo visualiza uma boa oportunidade e procura aproveitá-la. Em qual dos dois tipos nós nos encaixamos?

Carlos e Fernando se olham enquanto pensam em uma resposta. Carlos resolve se pronunciar:

- Não sei agora. Mas, se continuarmos sem progredir, daqui a um mês o meu caso será por necessidade.

Todos riem da piada de Carlos, e Fernando usa o bom senso:

- Acredito que nosso caso seja o segundo, pois começamos nosso projeto depois de sua volta ao Brasil e sua disponibilidade de capital. Não acho que a insatisfação em nossos empregos antigos sirva para caracterizar como necessidade. Porém, mais importante que essa resposta, será você nos dizer a relevância de seu questionamento - Fernando devolve para Alexandre com outra pergunta.

- Concordo com você e acho que nosso caso está mais relacionado com a busca de uma boa oportunidade, apesar de termos necessidade de que o negócio dê certo. Então, devemos buscar uma atividade que nos dê mais que retorno financeiro. Dinheiro não é o principal problema. – Alexandre responde.

- Epa! Não sabia que você estava tão capitalizado.

- E não estou. Quero dizer que devemos nos preocupar com outras coisas além das questões financeiras.

- Estou entendendo o que você quer dizer. – Fernando sempre o mais equilibrado. – Carlos, vamos pegar, como exemplo, uma franquia do ramo alimentício que eu pesquisei. Esta aqui exige um capital inicial por volta de R$ 250.000 e um retorno de no máximo 18 meses. É uma boa oportunidade? Sim. Mas é isso que você quer fazer? Comandar um *fast food*? Nada contra o ramo, mas devemos escolher um negócio que nos dê não só bons rendimentos, mas também felicidade.

- Se eu ganhar muito dinheiro, obviamente serei feliz.

- Logicamente, o dinheiro é importante...

- Não, não! Ele é fundamental! – Carlos corta e corrige Alexandre.

- Ok! Ele é fundamental, e eu não discordo, mas existe também o sentimento de realização.

- Eu concordo. – Fernando apoia a ideia de Alexandre.

- Você entende o que é isso, não é, Carlos? – o cunhado pergunta.

- Sim e não estou dizendo que esse sentimento não é importante. É que eu estou preocupado com esse meu, quer dizer, nosso passo.

Alexandre aproxima seu corpo de seu cunhado, apoia o cotovelo na mesa e abre a mão como se convidasse Carlos para uma queda de braço. Carlos responde positivamente, e os dois dão um forte aperto de mão.

- Carlão, *take it easy*. Vai dar tudo certo!

Fernando coloca sua mão sobre a de seus amigos, e o trio cria uma energia super positiva.

- Carlão, vamos fazer o seguinte, como essa questão de propósito, de senso de realização, pegou todos nós de surpresa, até eu mesmo, pois pensei sobre isto no caminho até aqui, vamos trocar o material que pesquisamos, ir para casa e pensar um pouco sobre tudo. Daqui a uma semana nos encontramos para discutir.

- Uma semana? É muito tempo, Xandão! Preciso resolver logo isso, acabei de dizer que estou preocupado com o sustento de minha família. Quem tem fome tem pressa!

Fernando solta uma risada e concorda com o amigo.

- É verdade, concordo com o Carlos. Eu estou cumprindo aviso prévio no trabalho e também fico preocupado. Devemos fazer tudo de forma muito bem pensada, mas não podemos bobear com o tempo, ou nossas economias vão para o espaço.

- Ok! Vocês têm razão. Três dias são suficientes?
- Sim. – Carlos concorda.
- Quando fechamos a ideia, o Carlos ofereceu um almoço. Agora, é a minha vez de retribuir. No domingo, vocês estão convidados para almoçar na minha casa.
- Beleza! Um custo a menos. – Carlos economizava em tudo que podia.
- Fico um pouco sem graça. – Alexandre demonstra estar um pouco envergonhado.
- Pare de bobagem, Xandão. Agora, além de amigos, somos sócios.
- Não é pelo seu convite.
- Então, o que é? – Carlos fica curioso.
- Já almoçamos na casa do Carlos, agora na sua. – apontando para Fernando – O próximo, naturalmente, seria na minha casa.

Carlos e Fernando olham para Alexandre como se disessem: *"qual o problema?"*
- Vocês não ligariam de comer *hamburger, nuggets* e pão de queijo?

Todos acham engraçada a situação vivida por Xandão, que é o único solteiro do grupo e, não sabendo cozinhar, sobrevive à base de congelados.

\* \* \*

# CAPÍTULO 04

- Oi, pai! Tudo bem?

Leo recebe seu pai com uma alegria um pouco acima do normal. Carlos, que conhece seu filho, já desconfia de alguma coisa.

- Tudo. – responde cautelosamente[10]. – E você, está bem? Como foi seu dia na escola?

- Ah, foi legal.

- Esse seu "legal" é que me preocupa!

- Ih, pai, qual é? Você sabe que desde o ano passado não dou trabalho para vocês com a escola. Mudando de assunto, por que está chegando tão tarde?

- Estava em uma reunião com seu tio e seu padrinho.

- Foi sobre a empresa que vocês vão abrir?

- Foi sim.

- E como foi a reunião?

Carlos continua estranhando o comportamento de seu filho. Leo, como qualquer adolescente, interessa-se muito pouco pela vida de seus pais e tão pouco puxa conversa, especialmente à noite quando a Net está bombando.

- Leo, estou desconfiado de que você quer me pedir algo. Por que está puxando assunto e tão interessado no meu dia? Estou muito cansado, seja direto, o que você quer?

- Pô, pai! Que grosseria é essa? – Leo fica chateado com a desconfiança de seu pai – Vocês vivem reclamando que eu só penso em mim, que não conto nada para vocês, que não pergunto ou participo. Aí, quando eu resolvo mudar, você me dá um fora desses.

Carlos fica cheio de remorso[11] e ainda levou a maior lição de moral.

- Você tem razão, meu filho, desculpe. Realmente, meu dia foi muito cansativo, já passa das onze, mas não justifica a grosseria que fiz com você. Na verdade, fico feliz de você ter perguntado. Acho que já tem idade para começar a ter as informações de nossas vidas profissionais. Acredito que ajudarão no seu processo de amadurecimento.

Leo faz uma cara de "tudo-bem-eu-te-perdoo" e Carlos começa seu breve relato sobre a reunião.

---

10 Cautelosamente: com cuidado
11 Remorso: arrependimento

- Bem, no início falamos sobre uma série de questões técnicas que são fundamentais na montagem do Plano de Negócios.
- O que é isso?
- Você sabe que seu pai pediu demissão para cair de cabeça nessa empreitada. Você sabe pelo menos o que é uma empreitada?
- Não.
- É uma forma mais legal de dizer trabalho, tarefa, projeto... – Carlos olha para seu filho com um aspecto cansado, como se implorasse um "entendi".
- Sei. Pode seguir.
- Então, nós estamos apostando tudo nessa empreitada, nesse negócio. Obviamente, como tudo na vida, a chance de sucesso é maior se existir um planejamento. No seu caso, por exemplo, não fica mais fácil tirar uma boa nota na prova se você se planejar, ou seja, organizar seu estudo, priorizando o que é mais importante?
- Acho que sim. O que tem nesse Plano de Negócios?
- Existem alguns modelos. Estamos montando o nosso com os seguintes itens:

---

### PLANO de NEGÓCIOS

1. Matriz Superior: contém a missão da empresa (propósito), visão (metas futuras) e valores (cultura organizacional).
2. Planejamento Estratégico: descrição do produto, análise do mercado e diferenciais competitivos.
3. Plano Operacional: organograma, definição dos processos principais e política de recursos humanos.
4. Estratégia de Marketing: posicionamento de marca e estratégia de vendas.
5. Esboço Financeiro: descrição do capital inicial, estrutura de custos e receita, demonstrativo de fluxo de caixa e indicadores de análise.

---

Carlos explica calmamente todos os itens envolvendo o Plano de Negócios e desperta em Leo um enorme interesse.
- Caramba, pai! Não sabia que dava tanto trabalho.
- Pois é, agora você entende meu cansaço.
Leo balança a cabeça afirmativamente e seu pai continua:

- E tudo isso nem foi o mais importante. No final, seu tio levantou uma questão difícil e crucial: o propósito. É o primeiro item de nosso Plano de Negócios e normalmente é negligenciado[12] pelos empreendedores. Seu tio levantou essa questão em nossa reunião que acabou de terminar, e eu mesmo não achei importante a discussão. Você sabe do que estou falando? – Carlos pergunta, mas sem acreditar que seu filho saiba do que se trata.

- Ih, pai, vai ficar me esculachando agora!? Claro que sei, às vezes, as pessoas fazem as coisas DE PROPÓSITO.

Carlos leva as mãos ao rosto, misturando cansaço e tristeza. Depois, alivia a barra de seu filho:

- Bem, não deixa de estar certo. Nesse seu exemplo, quando alguém diz que foi de propósito quer dizer que foi intencional, a pessoa quis fazer, concorda?

- Concordo.

- No nosso caso é um pouco mais profundo. Propósito significa sentido, motivo e está relacionado com a missão da empresa.

- Ué, mas isso é claro! A missão é ficar rico! Não consigo ver dificuldade nesta pergunta.

- Sim, o dinheiro é importante.

- Não! Dinheiro é mais que importante.

Carlos disse a mesma frase há umas duas horas e, vendo seu filho, com toda sua imaturidade, pensando da mesma maneira, despertou para a importância dessa reflexão.

- Você tem razão, Leo. Dinheiro é mais que importante, é fundamental...

Leo concorda com a cabeça, mas seu pai completa com um tom místico[13].

- Mas não é tudo. Você acabou de cometer um erro muito comum. As pessoas acham que todos os empresários só pensam no lucro. Pode ser a verdade para muitos, mas existem outros que não dirigem suas empresas com interesse somente no dinheiro. Hoje, os empresários estão muito conscientes e as organizações possuem uma missão, que é a razão de sua existência, e que orienta as decisões dos executivos. Além disso, muitas definem valores que servem como base para o estabelecimento das práticas, ou seja, da ética da empresa, tanto interna quanto externamente.

- E o que seria a visão?

- Visão é como a empresa espera ser reconhecida e que resultados pretende ter

---

12 Negligenciado: menosprezado, esquecido
13 Místico: mágico, sobrenatural

em algum tempo futuro, que deve ser determinado. Um conjunto de objetivos e metas.

O clima da conversa está super maneiro, e Leo resolve aproveitar a deixa.

- Pai, quer saber, concordo com você: dinheiro não é tudo. Os amigos verdadeiros são essenciais para nossa vida, não são?

- Sim e, apesar de ser difícil de imaginar, muitas empresas se preocupam com as pessoas. Elas definem missão e valores para que não se esqueçam de seu papel social. – Carlos solta um breve sorriso, como se percebesse finalmente o que seu cunhado queria dizer.

- Mas, pai, os amigos são importantes, não são?

- Hum? – envolvido em sua reflexão, nem percebe a maldade de seu filho – São. Mas qual é a relação com que estamos falando?

- Então, tenho certeza que você me deixará ir à festa, no sábado, para curtir minhas amizades verdadeiras.

A palavra "deixará" trouxe Carlos de volta de sua "viagem", e ele não vai "dar mole" para Leo.

- Leonardo, agora eu entendi o porquê de toda essa "conversinha" – responde ofendido.

- Que isso, pai?

- É isso mesmo.

- Não vou dizer que você não tenha um pouco de razão. No início eu procurei assunto para que você deixasse eu ir à festa, mas depois eu me interessei de verdade pelo que você falou – o garoto admite.

Carlos faz cara de que não acredita totalmente em Leo.

- Por que você não pede para sua mãe? Não é ela que tem que autorizar esse tipo de coisa?

- É, pai... mas você sabe como ela é.

- Sei, sim, e sei também que melhorou muito desde aquela conversa que vocês tiveram.

- É verdade. Mas essa festa vai ser tão maneira que eu não queria arriscar.

- Tenho certeza de que ela será justa. Peça para ela amanhã.

- Está bem. Boa noite, pai.

- Boa noite, filho.

Leo vai para sua cama e já começa a articular seu novo plano, agora para embaralhar a cabeça de sua mãe.

\* \* \*

# CAPÍTULO 05

Na tarde do dia seguinte...
- Sid, você está on?
- Fala, Leo! Estou aqui.
- Tudo bem, cara?
- Tudo beleza!
- Poxa, estou ansioso pela festa de amanhã.
- Você falou com sua mãe? E aí?
- Falei sim e ela deixou.
- Te disse que era bobeira sua. Não tinha por que ficar com medo. Sua mãe tem sido super maneira.
- É verdade. Tive uma recaída. Pensei que ela teria o mesmo comportamento de antigamente.
- Como foi? Ela deixou na boa?
- Quase 100%. Ela disse que terei que voltar antes das duas horas.
- Ah, mas a minha também. Tenho a sensação de que as mães devem ter um site de bate-papo só delas. Através dele, elas combinam as regras das festas, os castigos, falam sobre as notas das provas, esse tipo de coisa para ferrar a gente.
- Hahahhaha
- Mudando de assunto, como você vai para a festa?
- Ih, Sid, que esquisito?! Você preocupado com a roupa!
- O que tem demais?
- Só não é normal. Nunca vi você preocupado com isso. Vou de bermuda, camisa e tênis.
- Você vai de bermuda?
- Ué! Eu sempre vou de bermuda. Qual o problema?
- Sei lá. Acho meio largado. Você sabe se a Teresa vai?
- Não sei. Por que você está perguntando para mim? Veja se ela está on e pergunte diretamente para ela. Sid, você anda meio esquisito, hein. Agora, sabe com quem eu estava falando antes de você entrar?
- Não.
- Com a Tati! Ela, inclusive, perguntou se sua presença estava confirmada.

- Já falei para você parar com essa história, mas parece que você não escuta. Vou sair que minha mãe me chamou para jantar.
- Então, está bem...

Sid sai e nem espera a mensagem de despedida de Leo, que percebe novamente algo estranho com o amigo.

- O Sid está realmente estranho. Sua mãe chamou para jantar? São quatro horas da tarde! Foi desculpa dele ou a família toda está com lombriga[14] na barriga. Ele ficou, mais uma vez, irritado com essa história da Tati. Acho que ele está a fim da gordinha tatuada e não quer assumir.
- Oi, Leozinho!

Só Tetê para chamar Leo pelo diminutivo.

- Oi, garota! E aí, vai à festa amanhã, na casa da Tati?
- Lógico!
- Você tem falado com o Sid?
- Engraçado você perguntar porque não falo com ele há algum tempo. Ele não está online?
- Acabou de sair. Acho que ele está um pouco irritado.
- Irritado com o quê?
- Está irritado comigo, porque fiquei botando pilha nele com a Tati.
- Ele está a fim da Tati?
- Acho que sim. Ele me disse que estava a fim de uma menina e, sempre que falo na Tati, ele fica bolado.
- Quem diria...
- Ah, ela é maneiríssima!
- Eu também acho, mas não sei se eles combinam.
- Pare com isso e me ajude a botar pilha.
- Leo, às vezes, eu acho que você tem algum problema mental. O seu melhor amigo fica chateado com uma coisa que você faz e, ao invés de parar, você pede para mais pessoas fazerem a mesma coisa. Você só pode estar brincando.
- Tetê, por que você tem o poder de fazer eu me sentir um idiota?
- Não é uma tarefa difícil. Você coopera bastante.
- Está bem. Então, conversa com ele para mim e veja se ele está "bolado" comigo por causa disso.
- Vai adiantar alguma coisa?

---
14 Lombriga: verme que parasita o intestino

- Óbvio! Se for esse o problema, eu vou parar.
- Está vendo, não é sempre que você me ajuda com a tarefa de fazer você se sentir um retardado.
- Era idiota.
- Também.
- Vai me ajudar?
- Vou tentar. Se eu tiver tempo amanhã na festa, conversarei com o Sid.
- Como assim, se tiver tempo? Você vai servir bebidas e salgadinhos, receber os convidados na portaria, limpar o banheiro da festa?
- Não, seu sem graça, mas tenho meus planos.
- Que planos?
- Esse papo fica para depois.
- Tetê, vai me deixar curioso?
- Vou. Até amanhã, Leozinho. Beijinhos!

O nome de Teresa aparece *offline* antes que Leo tente mais uma vez descobrir o segredo de sua amiga. Sozinho, quer dizer só com pessoas chatas *online*, Leo também decide sair do site. Desliga o computador e deita em sua cama. Lembra que tem dever de casa de Matemática e Português, mas está com uma preguiiiiiça. Olha para o teto bocejando e encontra o pôster do Batman.

*- O Batman era um ótimo detetive e já teria descoberto os segredos de meus amigos. Caramba, meus melhores amigos têm segredos de mim e eu não tenho nenhum. Algo está mudando neles, e eu estou na mesma. Acho que terei surpresas nessa festinha de amanhã.*

\* \* \*

# CAPÍTULO 06

- Poxa, Tetê, estou irado com o Sid!
- Ah, Leo, pare de bobeira! Qual o problema de ele não ir com a gente?

Leo desabafa com sua amiga. Ficou chateado porque ele e Sid sempre vão juntos para os lugares e dessa vez ele preferiu ir com outras pessoas.

- Não consigo entender o Sid. Trocou a gente pelo chato do Chico e pelo marrento do Heitor.
- Eu também acho os dois insuportáveis, principalmente o Chico.
- Ele está muito esquisito, nem me ligou para pedir ou oferecer carona. Será que tem relação com aquela situação envolvendo a Tati?
- Não sei ao certo, Leo. Poderia dizer que era besteira do Sid, mas não sabemos o quanto ele ficou magoado com você. Na verdade, não sabemos nem se é isso. Ele pode ter se esquecido de ligar.

Leo responde à afirmação de Teresa com uma cara de reprovação, indicando que isto seria impossível, pois o Sid nunca se esquece de ligar para ele.

- Pronto, chegamos. – Joana encosta o carro e destrava as portas, para liberar a dupla de amigos.
- Valeu, mãe. – Leo se despede e não dá nem um beijo em sua mãe.
- Opa! Essa carona não foi de graça. Vai te custar um beijo.
- Está bem, mãe. – Leo aceita o beijo, mas não muito animado.

Joana aproveita que Teresa já saiu do carro e dá uma dica para seu filho.

- Leo, desde nossa conversa no ano passado, eu tenho me esforçado para te dar mais liberdade e não tenho me metido tanto em sua vida. Porém, ouvi você e Teresa conversarem sobre o Sid durante o caminho e estou com uma vontade enorme de lhe dizer uma coisa. Posso falar?
- Pode, mãe. – Leo concorda e abre seus ouvidos e coração.
- Não fique criando demônios?
- Quê???? – Leo demonstra todo seu espanto com a observação de sua mãe.
- Quando nós estávamos afastados, eu ficava imaginando os motivos e era péssimo para mim. Nesses casos, nossa criatividade não ajuda. Seja objetivo, vá direto à solução do problema.
- E qual é?
- A mesma que nós encontramos: o diálogo. Procure o Sid e busque ouvi-lo e compreendê-lo. Não é a melhor solução, é a única. Confie em mim, já tenho experiência neste assunto.

Leo não responde, apenas consente com a cabeça, dá mais um beijo em sua mãe e sai do carro.

- Poxa, Leo, vamos logo! Este lugar é sinistro! – Teresa acelera Leo, não quer ficar vacilando na rua em um lugar desconhecido.

O porteiro autoriza a entrada dos dois que seguem por um longo corredor até o elevador que dará acesso à cobertura, apartamento da Tati. Durante todo corredor e a subida dos quinze andares, Leo permanece em silêncio. Teresa percebe que ele está pensando em algo e se esforça para não interromper, segurando sua ansiedade e dúvidas, que gostaria tanto de dividir com seu amigo.

- Olá, boa noite, galera!

Após tocarem a campainha do apartamento 1503, a dupla é recebida pela anfitriã[15], que veste um vestido roxo, um tanto quanto macabro, mas que combina com seu cabelo.

- Oi, Tati!

Teresa troca um par de beijos com Tati e entra na casa.

- Olá, Leo!

- Oi, Tati! – Leo repete o gesto da amiga e quer se mostrar educado. – Poxa, Tati, valeu por nos convidar para essa festa. Ainda por cima, você nem deixou que trouxéssemos nada.

- Não se liga nisso, Leozito. Meu pai se amarra em chamar os amigos para encontros aqui em casa. Ele acha que as grandes amizades são os maiores bens neste planeta e me estimula a fazer o mesmo. Ele nem se importa em bancar tudo.

- Caramba, estava falando a mesma coisa com meu pai!

- Que coincidência! Parece que temos coisas em comum, não é? – Tati fala com uma voz lânguida[16] e pega nas mãos de Leo, que não entende absolutamente nada daquele comportamento bizarro. – Bem, nos vemos mais tarde, Leozito... e você também, Teresa.

Depois que Tati abandona a dupla e sai mantendo um olhar carinhoso para Leo, Teresa coloca as mãos à frente de sua boca para segurar uma grande gargalhada que estava prestes a soltar.

- Tetê, estou com medo!

- Medo. Por quê? – Teresa ainda tem que controlar sua vontade de rir.

- Essa menina tem uns hábitos muito esquisitos! Você viu que sinistra! Estou pensando agora, por que ela chamou todo mundo aqui para sua casa e nem pediu

---

15 Anfitriã: pessoa que recebe os outros em casa
16 Lânguida: sensual

que trouxéssemos bebida ou comida? Ela pode ter uma família canibal ou algo parecido. O que você acha?

Depois do que Leo disse, Teresa não se controla e solta gargalhada tão forte que chama toda a atenção da sala.

- Tetê, estou falando sério. Pare de zoar. Acha que meu medo é exagerado?
- Não. Acho que você deve ficar com medo mesmo. – rindo.
- É mesmo? Você concorda que ela pode ter feito tudo isso de propósito?
- Concordo. Aliás, agora eu tenho certeza que ela fez tudo isso com um objetivo bem claro em mente.

Leo olha para sua amiga com uma cara assustada.

- Mas, Leo, fique tranquilo, pois também tenho certeza que ela não pretende comer TODO MUNDO.
- Como assim?

Antes que Teresa pudesse começar a responder, seus olhos encontram com os de outra pessoa, e ela sai de fininho.

- Leo, preciso falar com uma pessoa, depois eu te explico.
- Ei, Tetê, não me deixa aqui sozinho.

Entretanto, ela não dá ouvidos ao seu amigo. Leo fica, em um primeiro momento, sozinho na sala e resolve caminhar de grupo em grupo procurando seus outros amigos. Ele não para em um primeiro grupo com três colegas, apesar de eles puxarem assunto:

- Tudo bem, Leo? Quer ficar aqui com a gente? – pergunta um dos membros que veste uma camisa com a inscrição: "Prêmio Nobel...me aguarde."
- Eu, não! Vocês devem estar falando sobre os deveres de casa de Matemática.
- Não, você está enganado. Estamos falando sobre os testes que começarão em três semanas. – responde um deles.

Leo vira de costas e sai sem responder.

- *Aqui só tem nerd mongoloide. Não posso ficar aqui, vai queimar meu filme.* – *ele analisa.*

A cobertura de Tati era duplex e ele sobe a escada caracol no canto da sala. Na parte de cima, havia uma pequena sala com uma televisão LCD e uma grande porta de vidro que dava para um enorme espaço descoberto. Leo não reconhece ninguém na sala e entra no terraço, onde encontra a maioria das pessoas da festa, ao lado de uma pequena piscina. Ele olha para todos os lados e estava começando a ficar aflito quando avista Heitor que, mesmo sendo um chato, é a única opção no momento.

- Fala, Leo! *Como está, muchacho?*
Uma das coisas que Leo achava mais chato em Heitor era que ele sempre queria aparecer. Por exemplo, demonstrava ser um dos poucos que fazia curso de espanhol.
- Estou bem, *muchacho!* – Leo responde, debochando.
Junto a Heitor só havia uma pessoa, uma menina.
- Você já conhece a Helena? Ela é nova na escola.
- Oie! – Helena cumprimenta Leo acenando a mão como se desse um adeus.

Quando Leonardo fizer uma retrospectiva[17] de sua vida, com absoluta certeza, irá eleger este momento como um dos mais importantes. Ele dirá que foi o instante em que deixou de pensar como um menino e passou a raciocinar como um homem. Depois, ainda teria atitudes infantis como qualquer homem adulto, mas seus objetivos e valores mudaram a partir desse momento. Ele encontrou a visão mais bela de sua breve vida e não foi só isso, pois pela primeira vez ele quis que esta imagem tão linda fosse dele, e somente dele. E esse sentimento muda tudo.

- Oi. – responde, um pouco atordoado.
- Ei, cara! Está viajando? – Heitor percebe o estado paralisado de Leo, mas ainda não se tocou que irá rolar uma concorrência.
- Leonardo, você está bem?

A voz de Helena é belíssima. Pelo menos, é o que ele acha. Ainda não tem maturidade para perceber que, para ele, tudo nela será perfeito, durante um bom tempo

- Você sabe o meu nome?

Joana morreria de ciúmes se visse seu filho como um bobo apaixonado daquela maneira.

- É óbvio. O Heitor acabou de te chamar de Leo e pensei que seria de Leonardo. Estou certa? Não deve ser Leogildo ou Leocastro, não é? Quem sabe Leotércio.
- Não. – Leo dá uma risadinha sem graça – Você tem razão. Meu nome é Leonardo.

Seria a situação perfeita para Leo emendar em uma outra piada e iniciar um bate-papo animado, mas ele não está preparado. Heitor preparara-se a semana toda para a aproximação, percebendo a ameaça, não facilitará a tarefa de seu concorrente.

- Lena, venha aqui que quero te apresentar um pessoal maneiro da outra turma.
- Está bem. Tchau, Leolico!

---
17 Retrospectiva: análise de fatos passados

- É Leonardo. – responde rindo, enquanto aprecia todo o corpo de Helena, que vira as costas para ele, acompanhando Heitor rumo à sala.

Esses momentos que mudam nossas vidas causam impactos enormes e quase sempre nos pegam desprevenidos. Dessa forma, temos dificuldade de dar uma resposta coerente. Leo, influenciado pelo bombástico encontro, senta sozinho em um banquinho perto da piscina e a imagem de Helena não sai de sua mente. Ele nem percebe quando outra menina senta ao seu lado.

- Olá, Leozito! Está gostando da festa?
- Estou sim. Sua casa é muito bonita.
- Que bom! – enquanto conversa, Tati faz um leve carinho no braço de Leo, que está sobre sua perna. – Ah, vem aqui que quero te mostrar o resto da casa e te apresentar para meus pais.

Leo tem vontade de dizer "NÃO!". Nada contra a menina, que era tão educada com ele, mas ficou boladão com a história do canibalismo e ficou imaginando: "Não quero conhecer o chefe da tribo!" Porém, Tati foi o carregando pelos braços e ficou sem graça de negar.

Tati mostrou a piscina e a sauna ao lado, que ele nem havia reparado. Depois, o som da sala de cima, que tinha uma potência de zilhões de watts, desceram a escada e foram direto para a cozinha. Tati abriu a geladeira e apresentou a senhora que trabalhava para sua família, que se movimentava rapidamente para manter a comida girando em uma quantidade suficiente para todos. A cada detalhe apresentado, Leo se limitava a falar: Que maneiro! Tati continuava sendo educada, mas ele estava com medo de encontrar parte de algum corpo em algum canto da casa e não estava raciocinando direito.

Saindo da cozinha, Tati, que continuava a conduzir Leo pelo braço, rumou para a varanda, os dois passaram pela sala de baixo e Leo avistou novamente o lindo rosto de Helena. Ela conversava com Heitor e um pequeno grupo de amigos. A conversa parecia interessante, ela estava rindo sem parar.

- Leo, este aqui é o meu pai, Caetano.

Quando Leo voltou a prestar atenção em Tati e ao que ela estava dizendo, a mão de Caetano já estava no ar há um bom tempo.

- Como é, garoto? Vai me deixar no vácuo?

O tom era de zoação e não de bronca.

- Ah, foi mal, "seu" Caetano. Parabéns, seu apê é irado!
- Obrigado. São muitos anos de trabalho.
- Leo, essa aqui é minha mãe Maria.

- Tudo bem com a senhora?
- Tudo. – Maria estica sua mão e cumprimenta o menino que parece mais interessado em olhar algo na sala de estar. - Olá, Leonardo. Nossa casa é muito bonita, mas nosso maior orgulho é nossa filhota. – A mãe olha sua filha demonstrando enorme orgulho. – Esperamos que você cuide bem dela.
- Pode deixar. – Leo continua com a cabeça em Helena e nem percebe a mensagem por trás das palavras.

Depois da varanda e de seus pais, Tati apresentou os quartos da casa. Cada vez que passava pela sala, Leo tentava encontrar os olhos de Helena, mas sem sucesso. Ao final do *tour*, ele se despede, com a mesma educação com que foi tratado, apesar de estar com o pensamento longe.

- Poxa, Tati, sua casa é muito maneira mesmo. Pode parabenizar seus pais.
- Mas você já fez isso.
- É verdade, foi mal. Às vezes, eu viajo um pouco.
- São as drogas!
- Quê? – o garoto toma um enorme susto.
- É brincadeira, Leozito! – e dá um beliscão na barriga de Leo.
- Ahhhh... então está bem. – demonstrando alívio.
- Vou ver se os demais convidados estão bem. Depois, nos falamos.

Os dois se despedem sem toques, apenas com acenos. Leo pensa:
- *São as drogas??? Essa garota está cada vez mais bizarra!!!*
Leo resolve então sair à procura de Helena.
- *Será que ela já foi embora?*
Finalmente, depois de alguns minutos e fugas de alguns colegas que puxaram assunto, ele a encontra, em um grupo com Heitor e três colegas conhecidos.
- E aí, galera? – ele tenta se aproximar demonstrando animação.
- Ué, Leonardo, o que houve? O que mudou? – pergunta o menino com a camisa do Prêmio Nobel.
- Como assim?
- Antes, você não quis ficar aqui conversando conosco. Agora, você chega todo animadinho. – pergunta outro menino que usava um boné de uma universidade americana.

Leo cometera um erro grave. Esquecera o movimento de rotação da Terra. O mundo dá muitas voltas. Agora, pego de surpresa, fica sem palavras.
- Leojobster, você tem o hábito de menosprezar seus colegas? Que feio! – Helena ironiza com a situação e os demais riem.

- Eu? Imagina. Fala para ela, galera.

Leo quase implora para que não queimem seu filme. Heitor olha com cara de reprovação e balança negativamente a cabeça. Entretanto, os *nerds* são gente muito boa e perdoam.

- Não tem não, Helena. É só pilha nossa! – o candidato a Prêmio Nobel salva a pele de Leo. – Então, estávamos falando sobre o que mesmo?

O assunto prossegue normalmente e com todos muito animados. A maioria com o assunto, e Leo com Helena. Infelizmente, para Leo só rolava assunto de *nerd* e todos participavam, menos um dos meninos que não falava absolutamente nada e só ria de forma esquisita, demonstrando muita timidez. Leo também quase não falava, mas por puro desconhecimento. Ele não estava entendendo nada daqueles papos sobre *National Geographic* e *History Channel*. Heitor, só para se aproveitar da situação, perguntava a opinião dele o tempo todo. Ele morria de medo de falar uma tremenda besteira, mas conseguiu se safar.

Helena pede licença e separa-se por um instante do grupo. Aparentemente, para atender seu celular.

- Meninos, tenho que ir, meu pai já está me esperando lá em baixo.

- Quer que eu desça com você? – Heitor não dá um centímetro de espaço para a menina.

- Não, pode deixar.

Ela se despede dando um beijo no rosto de Heitor e acenando para todos os demais.

Depois da saída de Helena, a festa perdeu toda a graça para Leo. Ele ficou com vontade de abandonar o bate-papo com seus novos velhos amigos *nerds*, mas não faria tamanha grosseria. Então, ficou mais uns quinze minutos até que a chatisse do grupo se tornasse insustentável.

Já estava contando o tempo para sua mãe chegar para pegá-lo, quando sente uma mão sobre seus ombros.

- Sid? Como está, meu amigo?

Leo troca um prolongado e forte aperto de mão com seu melhor amigo.

- Tudo mais ou menos. – responde sem esconder seu desânimo.

- Você parece tão triste.

- Pois é, mas não vou te perturbar hoje. Depois nos falamos.

Leo tentava convencer seu amigo a desabafar naquele momento, mas seu celular tocou. Seu pai já esperava na portaria para buscá-lo.

- Vou chamar a Teresa para irmos embora. Você a viu?

- Sim. Ela está ali na varanda.
- Poxa, Sid, nunca vi você tão bolado. Você quer ir embora com a gente?
- Não. Nem pensar. Vou com o Chico.
- Então, tudo bem. Nos vemos na escola.

Os amigos se despedem. Eles terão noites bem diferentes. Sid amargará[18] sua tristeza que o perseguirá por algum tempo. Leo terá a primeira noite mal dormida, a primeira de muitas, com a mente e o coração voltados para uma grande paixão.

---

### PARA PENSAR...

1. Alexandre explicou para seus sócios que os empreendedores podem surgir por necessidade ou oportunidade. Quais escolhas você faz por necessidade e quais por uma nova oportunidade, hoje na sua vida?
2. Alexandre e seus sócios debateram sobre dinheiro e propósito. Você concorda com ele que devemos pensar em nosso senso de realização para fazer escolhas na vida?
3. Leo se interessou por Helena desde o primeiro momento que a viu. O que você faria no lugar dele para conquistá-la?

---

\* \* \*

---

[18] Amargará: sofrerá

# Lição 1: Tudo começa com um sonho

## CAPÍTULO 07

Trinnnn!
- Olá, sejam bem-vindos!
Carla, esposa de Fernando, abre a porta e cumprimenta a família Gantes.
- Oi, Carlinha! Tudo bem? Trouxe esse pavê para nossa sobremesa.
- Que gentil, Jô! Vamos entrando.
Leo pede licença e segue sua mãe e seu pai entrando na espaçosa sala da família de seu padrinho.

Ele se esforça para não dar pista de seu mau humor, pois acha um saco esses almoços de confraternização aos domingos. Antes do rango, os homens se sentam nas cadeiras da varanda e conversam sobre a bolsa de valores, investimentos e, atualmente, sobre o negócio que estão montando juntos. As mulheres sobre a programação da TV, filhos e quanto seus chefes são intoleráveis[19], enquanto terminam a comida. E ele? Não pode participar de nenhum dos dois bate-papos: a da varanda porque não deixam e o a da cozinha, porque obviamente não quer. O que resta? Ver a insuportável programação da TV do início da tarde ou brincar com filhos pequenos de seu padrinho, que são uns "pentelhos". Realmente, seu mau humor é compreensível.

A campainha toca novamente.
- Leo, abra a porta, por favor. – pede Fernando.
- *Hello, little brother*! – Alexandre cumprimenta em inglês, enquanto estende sua mão para seu sobrinho.
- Falaí, Xandão!
- Tudo bem com você? – Alexandre ainda não conseguiu eliminar seu sotaque gringo e Leo costuma se divertir com isso.
- Tudo certo.
- Onde estão os homens?

---
19 Intoleráveis: insuportáveis

- Estão ali na varanda.
- *Cool*! Queria muito mostrar uma coisa que eu pesquisei antes do almoço.
- Vai lá.

Xandão já se encaminhava para a varanda quando Leo se lembra de algo.

- Ah, tio?
- Sim. – Alexandre se vira para Leo.
- Depois, eu queria falar uma "parada" contigo.
- Pode falar agora.
- Não, vai lá para sua reunião. Depois nós falamos.
- Ok.

Alexandre segue seu caminho e encontra seus sócios na varanda, vai rapidamente abrindo a mochila e retirando seu *notebook* com as informações de sua pesquisa.

Quando encontrou seu tio, ao abrir a porta, Leo teve uma ideia para resolver o problema que estava enfrentando desde sexta, na festa na casa da Tati. Aquela linda menina loira e divertida, que errava seu nome de propósito, não saía de sua cabeça.

No final das contas, o almoço na casa de seu padrinho foi importante, pois passou o sábado inteiro querendo conversar com alguém sobre o que estava passando. Sid, que obviamente seria seu ouvidor[20], estava muito esquisito e Leo não quis falar com ele. Agora, vai tentar trocar uma ideia com seu tio que, apesar de ter acabado de voltar para o convívio familiar, transmite confiança e deve ter dicas para repassar.

\* \* \*

- Rapazes, vamos almoçar! – convoca Carla.

Depois de quase uma hora após a chegada de seu tio, a comida fica pronta. Nesse tempo, Leo optou por encarar os programas "inassistíveis" da TV. Na verdade, ele ficou apenas à frente da televisão, pois sua mente estava em outro lugar.

- Poxa, Xandão, não gostei muito das sugestões que você trouxe hoje. – sinaliza Carlos.

Fernando, que já dera umas garfadas no risoto de camarão e estava de boca cheia, apenas concordava com a cabeça.

- Rapazes, não vamos falar de negócios à mesa, não é? – Carla tenta impedir que os negócios tomem conta de todos os momentos da família.

---
[20] Ouvidor: conselheiro

- Mas, Carla, não estamos falando nada demais... – Carlos tenta argumentar, mas é fulminado com um olhar de reprovação de Joana e desiste.

Após a breve discussão, todos comem e terminam seus pratos em silêncio. Sem repetir, os homens se retiram para a mesma varanda, agora tomando um licor oferecido por Fernando. As crianças deixam comida no prato e vão para o quarto, ansiosas para continuar a partida de *videogame*. As mulheres retiram os pratos, e Leo sai de fininho para que elas não peçam sua ajuda. Ele é surpreendido por uma pergunta.

- E aí, Leo? O que você queria falar comigo?

- Oi, tio! Não tem problema, pode continuar sua reunião com o papai e o padrinho.

- Não se preocupe. Já falamos o que era importante, antes do almoço. Agora, eles estão falando sobre como estão ruins as empresas em que trabalhavam sem a presença deles. É um exercício fundamental para reforço da autoestima, e eu não quero atrapalhar. Pode falar. – convidando Leo para se sentar no sofá.

Leo demonstra não se sentir à vontade em conversar naquele lugar. Alexandre percebe e convida o sobrinho para dar uma volta.

- Ei, aonde vocês vão? – pergunta Joana com o pavê na mão.

- Vamos até a esquina tomar um sorvete – responde rapidamente Alexandre protegendo Leo.

- Mas vocês vão trocar meu pavê por um sorvetinho qualquer da esquina?

- Poxa, mãe, como este mesmo pavê há quinze anos. Acho que hoje eu posso variar um pouquinho – Leo sempre reclamava que sua mãe fazia sempre a mesma sobremesa.

Joana esboçou[21] uma bronca, mas percebeu que seu irmão fazia um gesto e deixou passar.

- Tudo bem, mas não demorem, pois iremos embora daqui a pouco.

- Ok. – respondem os dois ao mesmo tempo e dão uma risada com a coincidência.

Tio e sobrinho descem de elevador em silêncio. Leo não sabe como começar o assunto.

Fernando morava em um bairro tranquilo repleto de árvores, e a dupla resolve dar uma volta no quarteirão.

- O que houve, Leonardo? Pode falar que irei te ajudar dentro do possível.

Leo ainda hesita.

- Você está com algum problema sério? – Alexandre começa imaginar nos piores problemas de um adolescente.

---

21 Esboçou: delineou, fez um esboço

- Não! – responde de bate-pronto Leo – Não é muito sério.
- Então, o que é?
- Fui a uma festa na sexta... da minha turma e foi muito maneiro. Tinha um pessoal novo, novo na escola... e tinha uma garota, ela entrou agora na escola...
- Humm, estou começando a entender. Fale um pouco da festa para mim.

Alexandre tenta criar um clima de abertura. Se perguntasse diretamente sobre a menina, ele poderia ficar sem graça e quebraria o ambiente de confiança.

Durante alguns minutos e uns dois quarteirões, Leo narra sua história na festa e só omite as situações envolvendo a Tati, porque ficou com medo que seu tio fizesse alguma piadinha.

- Então, vamos ver se eu entendi. Você conheceu uma menina na sexta, durante a festa, e está a fim dela. Ela é sua amiga?
- É da minha sala, mas entrou na escola este ano.
- Você não a viu durante a semana?
- Pois é, dei mole e agora estou ferrado porque o idiota do Heitor está com ela.
- Você quer dizer *dating*, ou seja, saindo com ela, namorando, ou algo parecido? Não sei como vocês garotos chamam isso hoje em dia.
- Não sei se ele está "pegando" ela, mas ficaram juntos a festa toda, e o Heitor é muito melhor do que eu.
- O que você quer dizer com isso?
- Mesmo que não tenha pego ainda, já chegou e está próxima dela. Ele é mais bonito e inteligente que eu.
- Primeiro, pare de se depreciar[22], ok? Que isso?!

Leo abaixa a cabeça com um pouco de vergonha do que acabara de dizer. Alexandre prossegue:

- Segundo, o que você está realmente sentindo por essa menina?

Pergunta complicada. Leo pensa bastante, ainda cabisbaixo, e responde:
- Não tenho certeza.
- Acho que estou te exigindo demais, não é? Você acabou de conhecer essa menina. Foi mal.
- Tudo bem, tio. Gostaria que você entendesse que isso é muito novo para mim. Então, eu tenho muitas dúvidas, mas também uma certeza.
- Qual é?
- Nunca senti isso antes. Ontem, acordei muito cedo, apesar de ter ido dormir tarde na sexta. Normalmente, quando visse a hora, eu voltaria a dormir. Mas não

---

22 Depreciar: desvalorizar

consegui porque logo lembrei de seu rosto, de sua voz e jeito de falar. Isso tomou conta da minha cabeça o dia inteiro.

- Ihhhh... acho que sei o nome disso...

Leo olha para seu tio, esperando que ele complemente a frase.

- *Love*. Amor.

Leo concorda com a cabeça e depois pergunta:

- Será? Acabei de conhecê-la.

- Você acha que essa história de amor à primeira vista é coisa de televisão?

- Eu achava.

- Vivendo e aprendendo... sua avó sempre dizia isso.

- E agora? O que eu faço?

- Bem, posso te ajudar. Você quer?

Leo concorda enfaticamente[23] com a cabeça.

- Se você está realmente apaixonado por essa menina, qual é o nome dela mesmo?

- Helena.

- *Beautiful name*. Igual a Helena de Troia. Continuando... se você está apaixonado por ela, deve tentar conquistá-la. Você quer minha ajuda para conquistar essa garota?

- Não.

A resposta rápida e negativa surpreende Alexandre, mas Leo tenta explicar.

- Como acabei de dizer, eu não tenho qualquer chance. Quero um conselho para esquecê-la, porque desde sexta eu não penso em mais nada, somente nela. Amanhã, irei para a escola, vou encontrá-la e quero estar em outra – Leo termina de falar no momento em que eles chegam a um cruzamento e precisam parar e esperar para atravessar. Ele olha para Alexandre que está pensativo.

- *Man*, você está muito para baixo. Já aceitou a derrota antes de entrar na guerra. Assim, não dá! Você não chegará a lugar algum dessa maneira.

Leo fica com cara de bobo enquanto escuta seu tio continuar.

- Deixe eu te falar uma coisa, pelos sintomas que descreveu, você está apaixonado por essa menina e isso É MUITO CHOCANTE! É MUITO MANEIRO! Você tem que ficar muito feliz e não chateado e preocupado. Você não pode se dar por vencido. Lutar por uma paixão é uma jornada maravilhosa, não deixe de viver isso.

Leo não entende muito bem o que Alexandre quer dizer com "jornada". Como todo adolescente, ele é objetivo.

---

23 Enfaticamente: veementemente, com muita certeza

- Xandão, é que eu fico meio perdido. Não sei por onde começar.
- Quer saber, Leo:

**Tudo começa com um sonho.**

Leo ainda está "boiando". O sinal abre para os pedestres e a dupla volta a caminhar.
- O que você quer dizer com "tudo"? – pergunta o garoto.
- Tudo, na minha frase, significa todos os nossos projetos, desejos e objetivos. Quando você quer alguma coisa, para conquistá-la, comece "querendo de verdade", sonhando com ela. No seu caso, por exemplo, você queria ficar com ela – Xandão usa uma voz fraca, demonstrando que Leo não queria tanto assim. - Resumindo, sua vontade não é tão grande, tanto que na primeira barreira, que é a concorrência de seu colega, você já pensou em desistir.

O discurso de Alexandre, que mais parecia uma bronca, mexeu com Leo e começou a mudar sua forma de pensar. Neste momento, uma grande transformação aconteceu. Quando ele se permitiu pensar diferente, sua imaginação passou a agir de outra forma e nos instantes seguintes sua visão da situação mudou. Desde que começou a contar sua história para seu tio, sua mente esteve inundada com as imagens de Heitor e Helena juntos e dele como um pobre coitado sozinho. Após a bronca, ele passou a ver as imagens de Helena como uma linda garota sozinha e até dos dois juntos. Comentou com seu tio, que respondeu:
- É disso que eu estava falando. Sonhe. Imagine. Acredite. Esse é o início.

Os dois se aproximavam do apartamento de Fernando e já tinha se passado bastante tempo. Joana, controladora como só ela, com certeza iria perturbar e perguntaria se consumiram todo o sorvete da esquina. Porém, antes de voltarem, Alexandre lembrou-se de mais uma dica:
- Engraçado, Leonardo, batermos esse papo. Como passei muito tempo nos Estados Unidos, acabei me lembrando de um grande americano. Já ouviu falar em Martin Luther King?
- Não.
- Na década de 60, ainda persistia, em alguns estados americanos, uma política de segregação[24] racial.
- Caramba! Há tão pouco tempo e nos Estados Unidos!

---

24 Segregação: discriminação

- Pois é, houve um movimento contra essa brutalidade que se destacou e um dos líderes era um pastor negro chamado Martin Luther King. Um dos momentos mais marcantes da história aconteceu em Washington, capital americana, quando esse pastor fez um discurso intitulado "Eu tenho um sonho".

- Sério? Conte mais.

Nesse momento, eles já estavam na porta do prédio, e Alexandre deixou seu sobrinho curioso.

- Já te contei demais. Quer saber mais? Você sabe onde procurar.

- Sei sim. Preferiria que você facilitasse a minha vida, mas já estou acostumado a fazer esse tipo de pesquisa. Pô, tio, valeu mesmo pelas ideias que você me deu.

- Tudo bem. O que passamos agora é um dos motivos da minha volta. Senti muitas saudades de vocês, é muito bom sentir que você faz parte de uma família.

Os parentes se abraçam e trocam um aperto de mãos, já no elevador. Tocam a campainha e são recebidos por Joana.

- Até que enfim! Vocês sabem quanto tempo ficaram fora?

Os dois se entreolham como se dissessem "lógico que não!"

- Vocês comeram todos os sorvetes da esquina?!

\* \* \*

# CAPÍTULO 08

- Bem, galerinha, então está combinado, teste semana que vem e estudem até o capítulo 4. Podem descer.

A professora libera os alunos para o intervalo após acertar a data e a matéria do teste, na semana seguinte. Leo adora História e é a única disciplina em que sempre tirou boas notas. Para sua sorte, a aula hoje estava especialmente interessante. Parabéns para a professora, pois do jeito que está sua cabeça, com pensamentos presos em Helena, ele se distrairia com um estalo de dedos.

Em vez de descer para o intervalo, Leo finge estar copiando para marcar Helena e tentar uma aproximação.

- Falaí, cara!

Sid dá um tapinha no pescoço do amigo e se senta ao seu lado.

- Vamos descer!

- Vamos... vá indo, estou terminando. – Leo não pode perder tempo agora contando a verdade para o amigo.

- Está bem. – Sid concorda e desce para o pátio.

Leo mantém seu plano. Ainda restam alguns alunos na sala, e ele procura seu alvo, quando é interrompido novamente.

- E aí, lesado? Não vai terminar de copiar, não?

Heitor pergunta, com o intuito[25] de mais uma vez ridicularizá-lo na frente de Helena, que o acompanha. Ela não fala nada, mas Leo percebe, em seu rosto, que não achou graça nas palavras de Heitor. Ele pensou em responder, mas a aparente reprovação de Helena o confortou e nada disse.

Após a saída de Helena e Heitor, Leo fechou seu caderno rapidamente. Estava morrendo de fome e não aguentava mais ficar desenhando no caderno, fingindo que copiava.

Chegando ao pátio, encontra Sid, que saía da cantina.

- Ei, Leo! Chega mais, cara! Comprei seu lanche para te adiantar.

Ele fica super feliz! Principalmente, porque o gesto de Sid melhora o clima entre os dois, que estavam com a relação meio estremecida. Sid o convida para sentar em um canto do pátio, o mesmo utilizado há quatro anos, quando querem conversar sem ninguém para perturbar. Leo imagina que Sid contará, finalmente, o que está acontecendo com ele.

---

25 Intuito: objetivo

- Pô, Sid, valeu pelo lanche. – Leo agradece.
- Relaxa, Leo! Você é meu camarada, meu melhor amigo. Deixe de bobeira.
- Na verdade, estou feliz porque você parece mais animado hoje. Você saiu tristão da festa. O que aconteceu?

Sid para de comer um pouco, olha para o teto como se escolhesse as palavras para explicar o que estava ocorrendo.

- Vi umas coisas na festa que eu não gostei.

Leo se lembra imediatamente que tinha colocado pilha em Sid sobre a Tati e lembra também que ela ficou estranhamente perseguindo-o durante a festa.

- *Caramba! Será que o Sid ficou com ciúmes da Tati comigo?* – pensa.
- Pô, Sid, queria te falar que não tem nada a ver.
- Quê? Como assim?
- Não tem nada entre a gente. Eu não "peguei" ela!
- Desencana, Leo! Eu sei. Vocês são só amigos. Isso não passou na minha cabeça.
- Não somos muito amigos na verdade, não é? – Leo demonstra incerteza sobre a amizade entre os dois.
- Como assim? Agora, fiquei sem entender. – Sid fica nervoso com a colocação de Leo.
- Não somos amigos, nós acabamos de nos conhecer.
- Leonardo, você está maluco? – girando o indicador ao redor do ouvido – Você está falando de quem?
- Ué, da Tati.

Sid dá um susto em seu amigo, quando solta a maior gargalhada.

- Então, você ainda acha que eu estou a fim da Tati?
- Não?!
- Lógico, que não! Eu estava falando da Teresa.
- Ah, entendi... que susto! Por um momento, pensei que você realmente estava a fim daquela esquisitona.

Os dois se olham e Leo passa a rir junto com seu amigo, quando a ficha cai.

- Peraí! Então, você está a fim da TETÊ? – a surpresa fez com que Leo levantasse a voz.
- Xiiii, fala baixo, cara!

Leo coloca as mãos à frente de sua boca. Nunca imaginou isso. Seu melhor amigo a fim de sua melhor amiga. Sid e Teresa se conhecem há três anos e não consegue imaginar os dois namorando.

- Siiiiiidd, então era ela. Por que você não me contou antes?
- Sei lá, Leo. Acho que estava envergonhado.

Leo tenta manter a conversa e segurar sua imaginação ao mesmo tempo.

- Agora estou entendendo o porquê de não ter ido com a gente para a festa. Só não entendi ainda o motivo de sua chateação na festa.
- Você não repara nada, seu Zé! Ela ficou um tempão conversando com aquele cara novo, o tal de Juan.
- É verdade... – Leo se esforça para lembrar.
- Você sabe se eles ficaram?
- Acho que não. Ela teria me contado.

Sid demonstra alívio.

- Outra coisa que estou sem entender: na festa você ficou boladão e agora está feliz. Por quê? – Leo pergunta.
- Feliz... feliz eu não estou. Acordei no sábado e ainda estava *down*, fiquei assim a manhã toda. Depois do almoço, fui para o meu quarto e vi um filme que me ajudou a mudar de ideia e a melhorar.
- Qual foi o filme?
- Titanic.
- E o que tem a ver Titanic com isso?
- Fiquei pensando... tenho que fazer igual aos caras que pegaram os botes. Vou ficar aqui na fossa até o barco afundar? Eu não! Vou cair fora e sobreviver!
- Não estou acreditando! Você tem cada uma. Não tem nada a ver... – Leo para seu raciocínio no meio.
- Leo, não tenho culpa se você tem pouco poder de visão das coisas. Os filmes nos ensinam muito...

Sid interrompe sua fala, pois percebe o que fez Leo parar a dele anteriormente.

- Você fala de mim, mas por que você não me contou? – indaga[26] Sid.
- Te contar o quê?
- Como falei, você é um Zé e não percebe nada. Acabei de ver como você olhou para a Helena.

Leo tenta por um milésimo de segundo negar.

- Não minta! Vou te perdoar por esconder, mas mentir não!

Leo reconhece com um sorriso meio maroto e meio sem graça.

- Parabéns, meu amigo! Ela é a maior gatinha!
- Parabéns, por quê? Não fiquei com ela ainda.

---

26 Indaga: pergunta

- É verdade. Pelo menos, você escolheu bem.
- Você também. A Tetê é o máximo. Já pensou, nós quatro saindo juntos. Cineminha, lanchinho,...
- Pare de sonhar, Leo. Como te falei, eu desisti. Preciso desistir. Não posso afundar com o barco.
- Parar de sonhar, Sid??? Nunca!!! Desistir por quê? Pare com isso. Você está desistindo antes de tentar.

Leo se lembra da conversa que teve com seu tio, no dia anterior. Lembra-se também da proposta de Alexandre e replica para Sid.

- Você quer minha ajuda? Vou te ajudar, falarei com a Teresa. Não adianta me impedir e não se preocupe, pois falarei com jeitinho.
- Seu objetivo é me esculachar, não é? Todo mundo vai ficar me sacaneando. Vou falar com a Helena, então, para retribuir.
- Pare de bobeira. É diferente. Sou amigo da Teresa, você nem conhece a Helena.
- E daí?
- Quer me ajudar com a Helena? Descubra como o Heitor conseguiu se aproximar e ficar "arrozando".
- Isso é fácil. Acho que só você não sabe. Não se lembra, do primeiro dia de aula? A professora perguntou quem queria mostrar a escola para ela, e o Heitor se ofereceu. Se você estivesse prestando atenção...

Leo demonstra irritação consigo mesmo.

- Pois é, que mole, hein?! – Leo se ironiza com cara de bobo. – Mas, como estava dizendo, são casos diferentes. Tive uma ideia sinistra, vou fazer o seguinte: ligarei para ela e vou botar uma pilha como se você não tivesse me dito nada e aí vou ver qual será a dela. Se ela responder bem, eu insistirei na pilha, caso contrário, não falo mais nada e de qualquer maneira, te contarei tudo amanhã.

Sid hesita[27] um pouco, mas depois concorda com o plano do amigo.

- Tudo bem, sua ideia é boa e dessa forma eu aceito, mas não conte sobre nossa conversa.
- Lógico! Pode deixar, *brother*.
- Ei! Agora vai ficar falando inglês?
- É que bati o maior papão com meu tio ontem e estou pegando algumas palavras em inglês que ele fala.

---

27 Hesita: demonstra indecisão

Os amigos trocam o aperto de mão tradicional e se levantam. O sinal já bateu, e os inspetores já estão chamando todos para voltarem para sala. Os dois saem muito felizes do diálogo, pois já estavam com saudade um do outro. Infelizmente, a felicidade não será mantida para os dois durante muito tempo.

* * *

# CAPÍTULO 09

- Alô, poderia falar com a Teresa?
- Espere um momento. Vou verificar se ela pode atender.

A mãe de Teresa está preocupada, pois desde de sábado ela está febril, resfriada e até faltou à escola. Após atender o telefone, caminha até o quarto para verificar se sua filha está acordada e disposta para atender o telefone.

- Tê, como você está?

Ela responde acenando a cabeça positivamente.

- O telefone é para você.
- Quem é?
- Não sei. É algum colega – e estende o telefone para a filha.
- Alô. – sem saber quem é, Teresa força a voz para deixar claro que está mal, a fim de poder despachar a pessoa, caso ela fosse chata.
- Alô, Teresa?
- Sim. – ela responde, mas não reconhece a voz, possivelmente devido ao seu mal-estar.
- Você faltou à escola hoje e eu não sabia o motivo, então resolvi ligar. Como você está, pequena?

Teresa levanta de sua cama em um salto. Toma um susto ao reconhecer a voz do outro lado da linha. Só uma pessoa, até aquele dia, já a tinha chamado de "pequena".

- Juan?
- Sim, eu mesmo, pequena.
- Mas eu não te dei meu telefone.
- Pois é, eu podia me desculpar, mas, quando nós queremos muito uma coisa, damos um jeito.

Teresa acha super romântico o que ouve e fica ainda mais "caidinha" pelo garoto. Eles passam mais de uma hora conversando ao telefone. Nesse tempo, sua voz foi melhorando gradualmente[28]. Sua mãe foi ao quarto algumas vezes e desconfiou que o telefonema era de um médico ou curandeiro, pois sua filha parecia ótima ao final. Ela coloca o telefone no gancho, e sua mãe entra rapidamente no quarto.

- Quem era? – pergunta com uma curiosidade juvenil.

---

28 Gradualmente: lentamente, aos pouco

- Você estava me espionando?
- Pare de besteira. – dando um tapinha na coxa da filha – Quem era? – insiste.
- Mãe, pega leve. Estou me sentindo tão mal.
- Sua safada. – em tom de brincadeira – Passou mais de hora toda animada, esqueceu até de tomar o remédio, e agora "ai, ai estou me sentindo mal." – ironiza.
- Então, a senhora estava me espionando?
- Quer saber? Não quer falar, não fala! – e se retira sem responder.

Após a saída de sua mãe, Teresa fica à vontade para sonhar. Desde o primeiro dia em que encontrou Juan, na escola, ela sonha com o garoto. Gostaria tanto de ficar e, quem sabe, namorá-lo. Agora, o que era somente um sonho pode se tornar realidade.

- *Ele me ligou. Ele deve estar a fim de mim. Por que ele ligaria? Disse que sentiu minha falta na escola. Por que diria isso? Ele está a fim de mim. Ele fica me chamando de pequena. Acho tão fofo. Por que me chamaria assim? Ele está a fim de mim, com certeza.*
- Teresa? Telefone! – sua mãe grita da sala.
- *Será que é ele de novo?*
- Oi, Tetê.
- Oi. – responde parcialmente animada.
- Tudo bem? Como você está?

Quando ela finalmente reconhece a voz de Leo, sua voz piora e volta a sentir os mesmos sintomas de antes.

- Ai, Leo, estou muito mal. Cheia de dor de cabeça, quer dizer no corpo todo. Não consigo nem sair da cama, na verdade não consigo nem falar.
- Ué, mas você está falando agora!
- Ah, palhação! Você está falando comigo, não é? Vou ficar sem responder.
- Então, está bem. Vou desligar, depois nos falamos.
- Tudo bem...

Porém, Teresa se lembra que tem uma coisa muito importante para falar.

- Peraí! Não desliga, não!
- Ué, agora você pode falar?
- Posso, sim.
- Então, deixa eu te dizer o motivo da ligação...
- Não! Preciso te contar uma parada – cortando Leo. – Conhece aquele aluno novo, o Juan.
- Quem?

Capítulo 9 • 51

- O Juan.
- Não. Por quê?
- Ele me ligou agorinha e eu acho que ele está a fim de mim. Conheci no primeiro dia de aula deste ano, fui eu que apresentei a escola para ele. Depois, ficamos um tempão conversando na festa. Ele é um fofo. É linnnnndo!

Leo fica um tempo em silêncio, após a narrativa de Teresa, sem saber o que dizer.

- E aí, Leozinho? O que você acha?
- Como assim?
- Você acha que ele está a fim de mim?

Leo entra em desespero. O que sua amiga acaba de lhe contar destrói tudo em que ele tinha pensado, acaba com as intenções de seu melhor amigo, Sid. Ele transmite o desespero em sua resposta.

- SEI LÁ! COMO É que eu vou saber? – elevando a voz no início da resposta.
- Pela situação. Como você age quando está a fim de uma garota?

A situação piora. Agora, Teresa com essa pergunta íntima[29].

- Teresa, você está de sacanagem? Como eu vou saber? – repete a mesma resposta, demonstrando grande irritação.
- IIIIIIhhhhh, o que há com você, Leo? Não quer responder, não responde, mas sem grosseria. Não aceito isso e para piorar estou doente! Acho melhor desligarmos.

O silêncio de Leo, do outro lado da linha, significa que ele concorda, mas resolve tirar uma dúvida antes.

- Tetê? – agora com uma voz mansinha, como se fosse pedir alguma coisa – Você está a fim dele?
- Está com ciúmes?
- Não. Lógico que não!
- Estou, sim. Ele é lindo, charmoso e agora descobri que é romântico... – Teresa demonstra uma certeza, característica das meninas, sobre seus sentimentos, diferentemente do próprio Leonardo.
- Teresa, não pedi para você fazer propaganda dele! Não quero comprar este garoto!
- Leo, acho melhor desligarmos mesmo. Não vou melhorar do resfriado com essa sua estupidez. Tchau!

Teresa era uma menina decidida. Tinha personalidade e lutava por seus objetivos. Porém, educada, esperou a resposta de Leo, para desligar o telefone.

---
29 Íntima: privada, particular

- Tchau.

Leo desliga o telefone e não sabe o que fazer. A imagem de sua amiga com outro cara, diferente de Sid, quebra tudo que havia pensado anteriormente. Já tinha inclusive sonhado em sair com Helena e seus dois melhores amigos como namorados. Agora, tudo está perdido.

Caminhando em seu quarto, encara seu computador e resolve entrar na Net. Liga o aparelho, mas desliga rapidamente. Lembra que Sid poderia estar *online* e perguntar se já tinha falado com Teresa. O que ele diria? A verdade, e magoar seu amigo? Mentir, e adiar o problema? Leo fica paralisado por alguns segundos.

Depois de algum tempo, ele liga o computador novamente, mas decide não entrar no *chat* de sempre. Consegue liberar sua mente do pensamento medonho de conversar com Sid sobre Teresa, lembrando-se da conversa que teve com Alexandre. Eles falaram sobre o sonho e um americano chamado Martin Luther King. Isso remete[30] aos tempos de terapia com Fred, quando ele fazia altas pesquisas maneiras envolvendo diversos filósofos. Então, ele entra no mesmo *site* de busca de sempre e digita: Martin Luther King.

### MARTIN LUTHER KING: "EU TIVE UM SONHO"

Em 15 de Janeiro de 1929, nasceu Michael Luther King Jr. que trocou seu primeiro nome, posteriormente, para Martin. Pertencente a uma família com tradição batista praticante, Martin se torna pastor aos 25 anos, seguindo os passos de pai e avô.

As décadas de 50 e 60 são marcadas nos EUA pela intensificação da luta contra a segregação racial explícita em muitos estados americanos. Movimentos como o Ku Klux Klan e o Conselho de Cidadãos Brancos promoviam atentados contra os negros e multiplicavam o preconceito. O movimento pelos direitos civis dos negros, que tinha Luther King como um dos seus ícones, destacou-se nessa época.

Diferentemente de outros movimentos, Luther King sonhava acabar com o preconceito através de uma luta baseada na não-violência. Inspirado pelo cristianismo e por Gandhi, ele influenciou toda uma geração, promovendo boicotes em vez de atentados e marchas pacíficas ao invés de respostas violentas. Luther King considerava que "Quem vive pela espada morre pela espada". Seu grande

---
30 Remete: faz referência, lembra

momento foi durante a marcha em Washington dirigida por ele. Autor de contundentes e inspiradores discursos, em frente a um importante monumento americano, ele fez para 250.000 pessoas o seu discurso mais famoso: "Eu tenho um sonho".

*"Eu tenho um sonho de que um dia esta nação se erguerá e experimentará o verdadeiro significado de sua crença: Acreditamos que essas verdades são evidentes, que todos os homens são criados iguais. Eu tenho um sonho de que um dia, nas encostas vermelhas da Geórgia, os filhos dos antigos escravos sentarão ao lado dos filhos dos antigos senhores, à mesa da fraternidade"*

Esse americano afrodescendente foi capaz de convencer as pessoas de que seus sonhos eram realizáveis. As ações lideradas por ele promoveram grandes mudanças, como fim do transporte e ensino público segregacionistas.

Martin Luther King Jr. foi assassinado em 4 de Abril de 1968, quando se preparava para uma marcha de protesto em Memphis. Porém, antes disso, escreveu quatro livros, viajou quase dez milhões de quilômetros divulgando suas ideias e foi o homem mais jovem a receber o Prêmio Nobel da Paz, em 1963.

\* \* \*

# CAPÍTULO 10

Alexandre acorda depois de mais uma noite solitária. Já voltou para o Brasil há três meses e começava a sentir a falta de uma namorada. O vazio de seu apartamento, apesar de pequeno, estava dando a maior tristeza. Ele se levanta e caminha até o banheiro para escovar os dentes. Durante os anos de frio do norte dos Estados Unidos, desenvolveu o hábito de só tomar banho quando fosse realmente necessário. Caminha até a apertada cozinha para tomar seu café da manhã. Refeição matinal de um homem solteiro e preguiçoso. Não tem ânimo nem para fazer um café quentinho. Pega na geladeira um achocolatado pronto e um pedaço de pizza que sobrou da noite anterior.

Senta no sofá de dois lugares na sala e liga a televisão no principal canal. Desperta de sua sonolência quando percebe que, se não tomar uma atitude, vai passar mais uma manhã assistindo a um programa de receitas, que não aguenta mais, pois nem cozinhar ele sabe.

- *Chega! Tenho que fazer alguma coisa agora!*

Lembra-se da reunião de domingo, na casa do Fernando, quando discutiram algumas ideias e nenhuma foi aprovada. Lembra-se também que o grupo ficou mais exigente depois que acordaram não abrir qualquer negócio. A futura empresa deveria ter perspectivas[31] financeiras e um alinhamento com seus objetivos de vida. Levanta-se e ruma decidido para o seu computador pessoal.

- *Quando estamos sem criatividade, devemos procurar as ideias dos outros.*

Liga o computador super atualizado, que trouxe dos EUA, entra na Internet e acessa o maior *site* de busca da rede. Olha para a tela com letras coloridas e pensa:

- *Tudo bem, aqui eu posso encontrar muitas ideias e respostas, mas eu tenho que saber, pelo menos, o que quero perguntar.*

Depois de pouco mais de um minuto, imóvel à frente da tela, Alexandre resolve fazer uma reflexão retrô:

- *Se temos que abrir um negócio ligado aos nossos objetivos pessoais, vou tentar descobrir os meus.*

Alexandre, apesar de seus quase trinta anos, nunca teve uma profissão. Foram muitos empregos diferentes, especialmente na América, mas nenhum emprego se tornou uma profissão de verdade, que mexesse com seu coração e sua mente. Então, para poder fazer uma autoanálise mais profunda, resolve descobrir em quais

---
31 Perspectivas: possibilidades

profissões ele se encaixaria melhor, realizando um teste vocacional. Obviamente, ele não acredita que um teste vocacional *online* resolverá todos os seus problemas, mas pode dar alguma orientação.

Encontrou no *site* de busca, uma página oferecendo via *web* o "teste vocacional mais utilizado no mundo" e resolveu fazer. O questionário é formado por zilhões de perguntas, mas ele as responde pacientemente. Ao terminar, Alexandre descobre que seu perfil é Social, Investigativo e Empreendedor, e que gosta mais de trabalhar com pessoas do que com coisas.

- *Nice*! Que novidade?!?! – ironiza.

Na mesma página, existem algumas profissões sugeridas, de acordo com o perfil da pessoa.

- Assistente social??? Veterinário??? Só pode ser brincadeira!

Revoltado, fecha a página e depois abaixa a tela do *laptop*. Analisando o resultado do teste, elimina as duas opções

- *Eu? Assistente social? Para passar fome! E Veterinário? Tenho alergia a pelo de cachorro! Como iria fazer? Entrar na faculdade, estudar quatro anos para abrir uma clínica para periquitos!* - pensa

Depois de um bom tempo sentado e desolado, lembra-se de sua pesquisa sobre franquias. Havia algumas opções que tinham apresentado características parecidas com o que ele acabara de encontrar no teste vocacional.

Volta a se empolgar, reabre rapidamente a tela do computador e procura o *site* de franquias que tinha consultado na semana anterior. Seu sonho de montar um negócio próprio que desse retorno financeiro e tivesse um significado estava vivo. Ele passará o restante do dia em frente ao computador e se esquecerá até de comer. Agora, tem certeza de que está no caminho certo.

\* \* \*

# CAPÍTULO 11

Leo chega atrasado à escola. Passou todo o caminho de casa até ao colégio levando bronca de sua mãe.

- De novo, Leo! Você chegará atrasado de novo na escola! Não terminou o primeiro mês e você já chegou duas vezes atrasado!

- Poxa, mãe, você está exagerando!

- E ainda sou obrigada a te trazer para que você não perca o dia de aula. Chegarei atrasada no trabalho!

- Você tem que reconhecer que ano passado era muito pior.

- E ainda tenho que aturar suas comparações ridículas. Quer dizer que, como ano passado você estava péssimo, pode este ano ficar muito ruim. É isso mesmo?

Ele sabia que sua mãe estava certa e nem insistiu na argumentação. Abaixou a cabeça e escutou o resto do esporro, sem reclamar. Devido à atitude de resignação[32] de seu filho, Joana ficou mais calma e, no final, buscou um entendimento.

- Leo, você parece desanimado. Nem parece aquele menino que gosta tanto da escola. Está acontecendo alguma coisa?

Ele ficou com vontade de contar a história de Sid e Teresa, mas estava a duas ruas da escola e não daria tempo.

- Mãe, estamos chegando e não vai dar tempo. Fique tranquila, pois resolverei a questão.

Em outros tempos, Joana não perderia a oportunidade de conversar com seu filho. Encostaria o carro em qualquer calçada e pularia para o banco de trás para conversarem. Porém, depois que os dois se acertaram no último ano, mudou completamente de atitude.

- Está bem, filho. Se precisar de ajuda, você sabe que pode contar comigo. – deixa Leo à vontade, enquanto encosta o carro em frente à escola.

Leo perdeu a hora e os psicólogos poderiam dizer que se tratava de um ato falho. Isso porque estava morrendo de medo e queria evitar ao máximo encontrar seu melhor amigo, então inconscientemente provocou seu atraso ou até uma tentativa de falta à escola. No dia anterior, Sid ligou e, quando sua mãe entrou no quarto para avisar, ele fingiu que estava dormindo. Desconfiava pela hora que se tratava de Sid e não havia decidido o que fazer sobre o que Teresa lhe contara. Demorou a dormir, refletiu e não encontrou uma decisão. Esperou pela manhã. Acordou e a

---

32 Resignação: conformação

primeira imagem que surgiu em sua cabeça foi a de Sid. Esperava sonhar com uma solução, mas isso não aconteceu.

Ele saiu do carro de sua mãe ainda sem saber o que fazer, com exceção da reza braba para que Sid faltasse à escola, para não precisar decidir nada. A fim de dar uma força para a reza, entrou em sala de fininho e, ao contrário dos dias normais, sentou no fundo e evitou olhar para os colegas.

Até o intervalo, deu certo. Não bateu os olhos em Sid e vice-versa. Porém, não tinha como se esconder na hora do lanche. Saiu de casa às pressas, devido ao atraso, e seu estômago esperneava do lado de dentro. Na fila, o encontro inevitável.

- Falaí, camarada! Está se escondendo?
- Não... lógico que não! – responde um tanto sem graça.
- Posso ficar aqui na fila com você? – Sid estranha o comportamento de Leo e até faz uma pergunta incomum.
- Pode, sim.

Leo rezava agora para que Sid não lembrasse o assunto do dia anterior e com tanta fé que ele se desligou.

- Leo, você está rezando?
- Não! Por que você está me perguntando isso?
- Ué, porque você está com as mãos juntas e murmurando[33].

Leo não responde. Sid entende a pergunta como uma brincadeira e prossegue.

- Preciso te perguntar uma coisa.

Aparentemente, não adiantou rezar.

- Você reparou que o Heitor e a Helena sentaram distantes hoje?

Ufa! O alívio foi tão grande, que Leo nem prestou atenção à pergunta.

- Quê?
- Você nunca repara nada, seu Zé. Eles estão sentando juntos, lado a lado, desde a primeira semana de aula, quando Heitor apresentou a escola. Hoje, o Heitor está no mesmo lugar de sempre, mas a Helena mudou. Isso deve ser algum sinal, e muito bom para você.
- É verdade. – Leo ainda está aéreo – Valeu pelo toque, Sid. É só isso?
- Não acho pouco. É uma notícia muito boa.
- Não quis desprezar a dica. Era só isso que você queria falar comigo?
- Claro, amigo! Estava ansioso para te dar a boa notícia.
- Valeu mesmo.

Leo agradece e deveria estar se sentindo aliviado pelo fato de Sid não ter tocado

---

33 Murmurando: queixando-se em voz baixa

no assunto. Ele poderia, se assim quisesse, passar batido e não mencionar a questão, naquele momento. Entretanto, sua consciência pesa. Sid fez o papel que lhe cabia como melhor amigo, pois, sabendo do interesse de Leo em Helena, quando teve uma notícia importante, correu para contar. E ele? Estava correspondendo a essa amizade? Agiu corretamente, quando fingiu estar dormindo na noite anterior? Ele está agindo corretamente em omitir a informação dada por Teresa, sobre ela e Juan?

Apesar de esta notícia ser ruim, Leo decide tomar uma atitude, que considera eticamente correta. Vira-se para Sid, segura seu ombro e diz:

- Sid, precisamos conversar.

O tom sério do amigo assusta um pouco Sid, que concorda, gesticulando com a cabeça. Após a fila, os amigos se encaminham para o mesmo espaço de sempre quando possuem um assunto sério para tratar.

Leo tem enorme dificuldade no início. Ele já tem um vocabulário restrito e dificuldade de verbalização[34], quando o assunto é difícil, a situação piora muito. Aos poucos as palavras vão saindo e, à medida que a história foi sendo contada, os amigos ficaram cada vez mais tristes. Ao final, apesar de tudo, Sid demonstrou calma, mas também pessimismo.

- Sid, foi mal mesmo. – Leo sente-se culpado.

- Não fique assim, Leo. Nem estou chateado por você ter mentido ontem. Eu te entendo. Obviamente, eu estou muito triste. Não tinha como ser diferente.

Leo concorda e balança a cabeça positivamente.

- Bem, a Tati está disponível, não é? – Sid ironiza sua própria situação e solta uma gargalhada no final.

Trinnnnnn!

O intervalo termina e coincide com o fim da conversa. Os amigos começam a retornar para sala, e Leo parece compreender a desistência de Sid. Entende que ficaria difícil para Sid conquistar Teresa, após a revelação do interesse mútuo dela e Juan. Ele fica até aliviado com a reação equilibrada do amigo.

Chegando à sala, Leo, que não tinha mais motivos para se esconder, passeia de grupo em grupo, buscando se atualizar nas fofocas. Depois de passar pelo grupo dos *nerds* e dar uma sacaneada básica, dá de cara com Helena, que conversa animadamente com... o Heitor. A irritação é imediata e ele imagina se Sid mentiu para ele, a fim de criar uma falsa expectativa e animá-lo. Retornando para seu lugar, passa a acompanhar Helena e Heitor passo a passo.

---

34 Verbalização: explicação com as palavras

A professora de Inglês entra na sala e os alunos buscam seus lugares. Sid não tinha mentido. Helena e Heitor estão sentados em lugares separados, na verdade até distantes.

- *Então, ainda há esperança!* – pensa Leo – *Peraí! É lógico que há esperança e não é esse fato que vai mudar isso. Tenho que alimentar essa esperança dentro de mim. Não posso depender dos outros para isso. É como meu tio Xandão disse: tudo começa com um sonho! Não posso deixar de sonhar. Não posso desistir. Ei! Se esse pensamento serve para mim, também serve para o Sid. Por que não? Ele não pode desistir. Não vou deixar. Tenho que ajudá-lo.*

Rapidamente, Leo abre seu estojo e pega uma caneta. A professora pedia que os alunos abrissem o material, enquanto Leo pegava uma folha, escrevia algumas palavras e a arrancava do caderno. Quando a professora se voltou para o quadro, Leo pediu que o colega da frente passasse o bilhete para Sid. O colega hesitou, pois ficou com medo que a professora pegasse, Leo insistiu e o garoto concordou. Depois de mais uns cinco alunos, o bilhete chegou ao destinatário[35]. Sid esperou que a professora se virasse para o quadro novamente, abriu o recado e encontrou uma mensagem inspiradora.

**TUDO COMEÇA COM UM SONHO.**
**Nunca deixe de sonhar.**
**Não desista!**

Ele olha para trás e, entre diversos rostos, encontra seu melhor amigo. Leo faz o sinal positivo com a mão direita, e Sid responde com o mesmo gesto e um sorriso.

Precisamos de amigos com esse tipo de comportamento, mas eles poderiam esperar o término da aula.

---

35 Destinatário: é a quem se destina algo

**PARA PENSAR...**

1. No momento em que contava para seu tio sobre Helena, Leo demonstrava um desestímulo muito grande. Qual a importância da confiança para a realização de nossos sonhos? Por quê?
2. Heitor aproveitou a oportunidade de apresentar a escola para se aproximar de Helena, levando vantagem momentânea sobre Leo. O que pode acontecer quando desperdiçamos uma oportunidade?
3. Leo pediu ajuda a seu tio, Alexandre, e a ofereceu ao seu amigo Sid. Você considera que devemos pedir ajuda de amigos e parentes, na realização de nossos sonhos? Quando você tem um objetivo, costuma pedir ajuda a seus amigos e parentes?
4. Você concorda com Alexandre que "Tudo começa com um sonho"? O que mudou na vida de Leo, quando ele concordou com a frase?

\* \* \*

# Lição 2: Tenha Iniciativa

# CAPÍTULO 12

A presença de Alexandre nos almoços de domingo na casa de Carlos e Joana era muito frequente. Ele se sentia muito sozinho nesse dia, tradicionalmente destinado à família, e Joana era a parente mais próxima. Dessa forma, mesmo quando não havia reunião marcada, ele aparecia para "filar uma boia".

Leo estava sentado no sofá vendo televisão quando Alexandre chegou para mais um almoço familiar.

- *Hei, kid*! O que está fazendo?
- Procurando alguma coisa interessante para assistir. No domingo, isso é muito difícil!
- Eu estava acostumado com a televisão americana com mais canais como opção. Assistir à TV para mim tem sido uma tortura. Pelo menos, tenho matado saudade do futebol.
- Você já foi ao Maracanã, depois que voltou?
- Não.
- Poxa, se meu time ganhar o jogo de hoje, irá se classificar para a final, no próximo domingo. Poderíamos ir juntos.
- *Sure*. Será o máximo.
- Você também torce para o Fluzão?
- Já faz algum tempo e perdi um pouco essa noção, mas antes de viajar eu era Vasco.
- Pena que ele já está eliminado... – Leo ironiza.
- Pois é, mas está combinado. Se o Fluminense for para a final, vou com você para o Maraca.
- Legal, tio.
- Mudando de assunto, como está a questão da menina? Qual o nome dela mesmo?
- Helena.
- Como está?

Leo diz que saiu muito motivado da conversa que tiveram no último final de semana e decidiu que irá batalhar para conquistá-la. Relatou, em seguida, a situação envolvendo Sid e Teresa.

- Leo, realmente, era uma situação muito difícil. Porém, fiquei feliz com sua atitude. Eu faria o mesmo. Devemos sempre falar a verdade, mesmo que às vezes seja difícil ou magoe as pessoas. Pelo menos, eu acredito nisso.

Leo solta um pequeno sorriso, deixando claro que ficou feliz com o elogio.

- Você enrolou e enrolou e não me contou nada do que aconteceu esta semana entre você e Helena. Conversou com ela? Fez um *aproach*?
- O que é isso?
- É aproximação, em inglês. Você conseguiu algum contato?

Leo fica sem graça e evita responder, mas seu tio insiste e ele não tem como fugir. Então, relata os vários momentos em que esteve perto de Helena. Na entrada, durante a aula, no intervalo, no corredor, na saída, foram diversas situações em que Leo não soube o que dizer ou que faltou coragem para dizer o que sabia.

- Poxa, tio, não sei por que não deu certo. Cheguei tão empolgado na segunda. Até quando o Sid ficou desanimado e queria desistir, fui eu quem o animou.
- Você consegue perceber o que faltou?
- Sim. Faltou uma chance ideal. Bem que eu podia dar uma sortezinha.
- Você acredita em sorte?
- Sim.
- Eu também, mas algumas pessoas não. Sabe o que elas dizem? Sorte é a conjunção da preparação com a oportunidade. Então, quando surge uma oportunidade, e o indivíduo não está preparado, ele reclama de falta de sorte. Não é o seu caso?
- Mas eu não tive... – antes de terminar, Leo se silencia para refletir.
- Você realmente acha que não teve oportunidade de se aproximar de Helena?
- Acho que não tive uma oportunidade ideal.
- Então, como seria essa oportunidade ideal? – Alexandre dá espaço para a imaginação de Leo fluir e ajudá-lo na análise da situação.

Leo fica em silêncio e Alexandre prossegue:

- Vou te ajudar. Você entra na sala de aula e só ela está presente. Ao vê-lo, ela o chama para sentar-se ao seu lado e depois pergunta: Leo, você gostaria de ir ao cinema comigo?

Leo acha engraçado a maneira como seu tio ilustrou[36] a situação.

---

36 Ilustrou: apresentou

- Ou então, você está no intervalo com um grupo de amigos, Helena chega e diz que precisa conversar com você. Ao sair do grupo, ela te puxa pelo braço e te dá o maior beijão.
- Gostei dessa.
- Tem uma terceira opção. Quando você está saindo da escola, encontra um carro de som fazendo o maior barulho. De repente, o cara começa a falar no alto-falante: Leonardo Gantes, tenho um recado da Helena. Ela gostaria de saber se você quer ficar com ela.
- Pô, seria a maior pagação de mico!
- Qual você gostou mais?
- Gostei mais da segunda.
- Então, por que você não faz acontecer essa opção?
- Pedir para que a Helena faça isso?
- Leonardo, pense um pouquinho. Lógico que não! Por que VOCÊ não faz isso?

Leo toma um susto.

- Que isso, tio?! Tá louco?!
- Então, se não gostou das minhas propostas, o que você vai fazer?

Essa resposta, Leonardo ainda não tem. Esse é todo o problema. Ele não sabe o que fazer. Alexandre continua seu raciocínio.

- Você percebe agora o que está faltando? Ainda acha que é uma "chance ideal"? – com voz de deboche.

Leo não responde, mas faz sinal negativo com a cabeça como se aceitasse que o problema não é a falta de uma chance.

- Você quer uma ajuda?

Leo concorda e olha para seu tio como se ele fosse contar o maior mistério do Universo.

- Não é por falta de oportunidade. Você narrou sua semana e perdi a conta da quantidade de vezes em que vocês se encontraram. O problema não está do lado de fora, está do lado de dentro. – tocando a cabeça de Leo com o indicador – Dentro de você.
- Mas eu não desisti. Continuo querendo muito ficar com ela.
- Eu estou vendo, você está cheio de vontade, mas isso não é suficiente. Muitos querem, mas poucos conseguem, e por quê?

Leo fica com cara de interrogação.

- Falta atitude às pessoas. No seu caso particular, poderia te dizer:

## Tenha iniciativa

Leo não entende em um primeiro momento, então Xandão começa a explicar.

- A menina estava do seu lado na fila da cantina, por que você não puxou papo, não trocou uma ideia? Eu sei o porquê. Você ficou parado que nem um "dois de paus". Não fez nada. Ficou inerte.[37] Não disse que ela te pediu uma matéria que não tinha, pois não deu tempo de copiar. Você emprestou e podia ter pego o telefone dela ou dado o seu, com a desculpa de que ela pudesse tirar alguma dúvida. Você fez isso? Não! Ficou com preguiça, medo ou sei lá o quê. Não fique pensando que suas conquistas cairão do céu, porque não vão. E aí? Estou pegando pesado?

- Não, tio. Às vezes, precisamos de uma chacoalhada, né? Seus toques estão sendo super maneiros e úteis – o garoto entende rapidamente o objetivo da bronca do tio.

- Estou te falando tudo isso com motivos. Esta semana, na terça, acordei com uma preguiça danada. Liguei a televisão e, se desse mole, iria passar a manhã inteira de bobeira deitado no sofá. De repente, caí na real e levantei cheio de iniciativa. Sentei na frente do computador e comecei a pesquisar assuntos para o nosso negócio. Sabe o que aconteceu? Depois de algum tempo, tive uma ideia genial que vou apresentar para o seu pai e seu padrinho e acredito que será a base da nossa empreitada[38].

Leo ouve atentamente a narrativa empolgada e verdadeira de seu tio.

- Se a ideia for realmente boa, só surgiu porque eu me movimentei. Nossas conquistas brotam em árvores.

- E se a ideia não for boa?

- Nesse caso, tenho certeza de que, a partir dela, teremos outra que vai ser boa. Porém, certo mesmo é que se você ficar parado...

- Nada vai acontecer.

- Exato. Você aprende rápido. Quer outro exemplo? Está vendo esse comercial aí, na televisão?

- Estou. É das Casas Bahia.

- Posso te falar um pouquinho sobre essa empresa, pois é um *case* mundialmente conhecido e estudei para ajudar na montagem de nosso negócio. Hoje, são mais de quinhentas lojas. O dono deve ter algum dinheiro, não acha?

- Algum??? Deve ser riquíssimo!!!

---

37 Inerte: estático, sem atividade
38 Empreitada: projeto

- Você sabia que ele, quando jovem quase foi morto na Segunda Guerra Mundial? Quando chegou ao Brasil, não tinha direito onde morar e fundou as Casas Bahia, há mais de trinta anos, com menos recursos do que nós temos hoje.

Leo fica boquiaberto e responde:
- Fico impressionado com essas histórias. Como ele conseguiu chegar onde está hoje?
- Essa resposta eu não sei, mas tenho certeza que ele teve muita iniciativa.

Leo concorda com a cabeça.
- Ele poderia continuar pobre hoje e ficar dizendo que nunca teve uma oportunidade. Porém, ele não escolheu isso. Escolheu ser uma pessoa bem sucedida e para isso "ralou" muito.

Leo conhece algumas histórias de sucesso, mas nunca havia pensado sobre as atitudes que conduziram essas pessoas a isso.
- Rapazes, o almoço está na mesa. Vamos nos sentar! – convoca Joana.
- Leo, desculpe qualquer coisa. Desculpe se eu peguei pesado, mas gosto muito de você e quero te ver feliz! Às vezes, eu tenho esse jeitão meio <u>rude</u>.
- Valeu, tio, pelo toque. Eu aprendi ano passado, com um amigo, a pensar bastante sobre as coisas. Prometo que pensarei sobre tudo que você disse.

Eles trocam um aperto de mão forte, dão um meio abraço com direito a tapa nas costas.
- Jô, *what's the meal*?
- Picanha no forno, com arroz, farofa e fritas.
- *Hummmm... depois desse almoço, ficará mais fácil pensar sobre tudo que meu tio disse* – comemora Leonardo.

\* \* \*

# CAPÍTULO 13

Terminado o almoço, Leo faz um elogio à comida de sua mãe, pede licença e sai apressado da mesa. Ficou curioso para saber mais sobre a história do fundador das Casas Bahia e ansioso para conversar com Sid.

Entra em seu quarto, encosta a porta, liga o computador. Enquanto o computador inicia, vai ao banheiro para escovar os dentes com sua cabeça a mil na história que encontrará na Internet.

O garoto acessa o tradicional *site* de busca, digita Casas Bahia, descobre que o fundador se chama Samuel Klein e muito mais sobre sua vida.

## SAMUEL KLEIN E AS CASAS BAHIA

Nascido na Polônia em 15 de Novembro de 1923, Samuel Klein trabalhou como marceneiro com seu pai até a invasão nazista em 1938. Foi levado para o campo de concentração Maidanek, devido à sua origem judaica. Ele nunca mais viu sua mãe e seus outros cinco irmãos mais novos, levados para o campo de extermínio de Treblinka.

Samuel sempre foi uma lição viva de proatividade. Aos 21 anos, quando a guerra se aproximava do fim, e ele participava de uma das caminhadas para a morte, sua iniciativa provavelmente salvou sua vida. Aproveitando-se da distração dos guardas, Samuel escapou e se escondeu em uma plantação de trigo.

Depois da guerra, viveu na Alemanha, até 1951, quando decidiu se mudar e buscar outras oportunidades. Ele se casou e, não conseguindo vaga para emigrar para os EUA, foi para a Bolívia e posteriormente para o Brasil.

Samuel possuía US$6000, comprou uma casa e uma charrete e foi trabalhar como mascate, realizando vendas de porta em porta. Ele poderia ficar satisfeito em conseguir um emprego que gerasse renda suficiente para o sustento de sua família, mas decidiu ampliar os negócios e, após cinco anos de trabalho, juntou dinheiro suficiente para comprar sua primeira loja, em São Caetano(SP). A loja recebeu o nome de "Casa Bahia" com o intuito de se comunicar e homenagear os inúmeros imigrantes nordestinos.

Em 1970, em mais uma iniciativa, Samuel adquiriu controle acionário de uma financeira, com o objetivo de proporcionar crédito para os clientes de baixa renda e aumentar as vendas. A simplicidade e a expansão do crédito
foram os maiores diferenciais das Casas Bahia, fazendo com que se tornasse a maior empresa de varejo do país e uma das maiores do mundo. Em 2003, essa gigante serviu de estudo de caso para um dos maiores autores mundiais em estratégia, pois se destacou no segmento de baixa renda.
Hoje, são mais de 550 lojas em onze estados brasileiros. "Seu" Samuel continua um homem simples que anda de sandálias pelas lojas. Ele lançou sua biografia em 2003, onde se encontra uma de suas citações otimistas:

*"Que país abençoado esse Brasil. O Brasil é um país que dá oportunidades para quem quer trabalhar e crescer na vida. Cresci junto com o Brasil. Não fiquei parado vendo o país crescer"*

Durante sua pesquisa, Leo permaneceu *offline*, para que não fosse incomodado. Terminada a pesquisa, acessa o *chat* e procura seu melhor amigo.

- Falaí, Sid! Está on?

- Óbvio, Leo. Você sabe de alguma coisa maneira para se fazer a essa hora de domingo?

- Assistir à TV.

- Quê? Tá brincando. Meu pai assiste a estes programas de auditório. É coisa de velho!

- Tem muita coisa maneira na TV nesta hora. Por exemplo, aprendi noções e exemplos de iniciativa. Tive uma grande lição de empreendedorismo, através de uma história super irada.

- Isso tudo? Qual programa você estava vendo?

- Na verdade, nenhum. Foi através de um papo que tive com meu tio Xandão e de uma pesquisa que fiz na Net. Mas tudo começou porque estávamos assistindo à TV.

- E como isso aconteceu?

- Poxa, estava contando para o meu tio o desenrolar da minha situação com a Helena. Quer dizer, não há situação nenhuma, e eu disse exatamente isso. Aí ele me deu o maior esporro, dizendo que faltava iniciativa. Como estávamos vendo televisão, passou o comercial das

Casas Bahia, e meu tio citou o Samuel Klein, como exemplo de empreendedor com muita iniciativa. Depois do almoço, fui pesquisar sobre ele porque me interessei pela história e é bem mais radical que eu imaginava. Depois eu te conto.

- Samuel o quê?
- Samuel Klein, fundador e dono das Casas Bahia.
- Tudo bem. Mas que papo é esse de iniciativa?
- Ter iniciativa é ser pró-ativo, você sabe o que isso significa?
- Não, por isso eu perguntei.
- É uma virtude que devemos ter para sermos bem-sucedidos. Essa virtude está associada àquelas pessoas que se antecipam, que tomam decisões e executam as ações necessárias. O oposto seria ficar esperando que algo aconteça, sem agir, sem fazer nada. Meu tio me fez perceber que eu estava passivo no caso da Helena. Se eu gosto dela e quero que algo aconteça entre nós, não posso ficar só sonhando, devo fazer alguma coisa. Tenho que ter iniciativa. O "Seu" Samuel era pobre e não ficou parado. Correu atrás e venceu na vida. Se tivesse ficado esperando, talvez fosse mascate até hoje. Entendeu?
- Entendi, Zé. E agora, você vai fazer algo? Vai chegar na Helena?
- Vou. Só vou conseguir conquistá-la se der algum passo.
- Realmente, você tem razão. É como sempre fala o Chico: só pega mulher quem chega... e só toma toco quem chega também.
- Eu já me decidi, e você? O que resolveu sobre T? – os amigos tinham combinado o código da letra "T" para falarem de Teresa sem dar pistas.
- É mesmo! O que você resolveu? - Teresa entra no chat e no papo dos dois sorrateiramente[39] pegando os amigos de surpresa.

Sid fica muito bolado, e imagina que Teresa irá descobrir tudo na hora. Ele fica totalmente sem graça. Sem saber o que teclar, conta com a ajuda de seu amigo.

- Tetê, como você entra assim como uma cobra?
- Oh, Leo! Vai começar as grosserias novamente? Quando tivemos problemas de acessar as conversas uns dos outros? Se for algo particular, eu saio. Vocês querem isso? É só falar...
- Não, Teresa. Pode ficar – Sid tenta transmitir tranquilidade para que a garota não perceba a maldade na situação.
- É mesmo. Foi mal, não quis ofender.

---

39 Sorrateiramente: silenciosamente

- Tudo bem. Aceito suas desculpas, Leozinho. Então, sobre o que estamos falando? Quero participar.

- Estamos falando sobre uma pessoa. – Leo nunca foi bom em inventar histórias e mentiras.

- Essa pessoa é a "T"? – já Teresa sempre foi esperta.

- Não é nada demais, pode esquecer – Sid tenta desviar.

- Não é questão de esquecer. Eu quero saber o que está rolando com os meus amigos. Algum problema? Quem é a "T"? De repente, eu posso ajudar.

- Acho que você pode ajudar. – Leo entra em um terreno complicado.

- Eu acho que não! – Sid tenta cortar.

- Quem é, gente? Vocês sabem que eu fico curiosa.

Depois de um tempinho, em que Sid não teclou, Leo acha uma saída.

- É a Tati.

- A Tati? Sid, o que você precisa resolver sobre a Tati?

Sid entra em desespero e não tecla. Leo tenta ajudar, mas a situação só vai piorando...

- É que a Tati está a fim do Sid, e ele ficou de decidir se vai rolar.

- E eu já decidi que NÃO há algum tempo, mas o pela-saco do Leo fica insistindo e me arrumando confusão. Estou começando a achar que, se ele me arrumar mais uma confusão hoje, amanhã enfiarei a porrada nele! – Sid ameaça, mas fazendo alusão[40] à história inventada por Leo sobre ele e Tati.

- Poxa, Sid. Ela é uma menina super maneira. – Teresa faz uma propaganda.

- É, mas não vai rolar nada. Eu já disse.

- Tudo bem. Não vou insistir. Agora, o engraçado é que eu tinha escutado um boato diferente.

- Como assim diferente? – Sid se anima, enquanto é a vez de Leo não teclar.

- A galera comentou essa semana que ela estava "vidradona" em você, Leo.

Leo se apavora, pois se lembra do comportamento sinistro da menina na festa em sua casa, e tenta fugir desesperadamente.

- Que isso? É só boato. Ela está a fim do Sid.

- É mesmo, Leozinho... Eu também escutei isso – Sid se aproveita para dar o troco.

---

40 Alusão: referência

- Bem, sendo um ou outro, o importante é que meus amigos estão arrasando! Tenho que ir. Chegamos tarde da praia, e minha mãe acabou de fazer um almocinho para nós. Nos vemos amanhã, na escola. Beijos!

Teresa sai do papo e, quando Leo vai conferir, Sid também. Ele imagina: O Sid deve ter ficado chateado!

Um segundo depois, toca o telefone de sua casa. Sua mãe grita:

- LEO! ATENDE AÍ! É O SID!

O garoto pega a extensão e pede para sua mãe colocar o aparelho da sala no gancho.

- Falaí, camara...
- Seu escroto! Você quer me ferrar? Agora, a Tetê vai achar que a Tati está a fim de mim e quem sabe vai pensar que é mútuo[41]. Estou perdido!
- Poxa, Sid, só quis ajudar. Foi mal, mas você não respondeu **à** pergunta dela. Era uma oportunidade, estávamos falando exatamente sobre isso, sobre ter iniciativa. Você não teve. Então, eu resolvi não ficar parado e tomei uma decisão. Pode não ser a melhor, mas você queria que eu tivesse dito que o "T" era de Teresa?
- Não.
- Então, que opção nós tínhamos?

Depois de um tempo em silêncio, Sid concorda.

- Você tem razão.
- Resolva logo isso. Converse com ela amanhã.
- Não posso.
- Não pode? Quem está te impedindo? Na verdade, você não quer.
- Não posso porque tenho medo de ser humilhado.
- Você não QUER porque tem medo de ser rejeitado e eu te entendo. Pense um pouquinho sobre a situação. A vantagem de agir com iniciativa, no seu caso, é viver com certeza. É melhor viver com certezas do que com dúvidas, mesmo que as certezas sejam ruins.

Leo faz uma citação bonita e surpreende o amigo.

- Leo, você está filosofando bonito, hein.
- Foi a frase do dia do programa que eu estava vendo. Pense nisso que depois conversaremos.
- Tudo bem. – Sid concorda e se despede - Valeu, camarada!
- Valeu, Sid!

\* \* \*

---
41 Mútuo: recíproco, entre duas ou mais pessoas

# Capítulo 14

- Não gostei!

Carlos é frio e direto ao avaliar a ideia apresentada por Alexandre.

- Xandão, isso não vai dar certo! – reforça a primeira frase.

Alexandre, em um primeiro momento, fica cabisbaixo. Havia trabalhado incessantemente[42] durante uma semana, na preparação do Plano Estratégico. Analisou o mercado, com todos os concorrentes e demanda, depois descreveu o produto. Entretanto, ainda teve dificuldade em conseguir diferenciais competitivos suficientes para convencer os demais a toparem sua ousada proposta. Seus dois sócios chegaram a sua casa para a reunião e foram recebidos com uma apresentação em *PowerPoint* repleta de dados e gráficos, descrevendo detalhadamente a empresa e seus serviços, além da descrição do mercado.

- Calma, Carlos, vamos devagar. Não achei a ideia ruim.

- Então, você gostou, Fernando? – pergunta Alexandre.

- Também não. A ideia é boa, mas já existem hoje diversas empresas que prestam esse serviço, como você mesmo colocou – Fernando menciona o momento da apresentação em que Alexandre sinalizou os concorrentes. – Devemos tomar cuidado, pois o Planejamento Estratégico é a base do Plano de Negócios. Não seria melhor pegarmos uma franquia dessas empresas que já estão estabelecidas? Assumir uma franquia possui inúmeras vantagens. Vimos essa possibilidade em uma de nossas reuniões. Os riscos são menores, pois compramos uma estrutura organizada e reconhecida pelo público.

Depois de ouvir um pouco a opinião de seus sócios, Alexandre volta a se posicionar:

- Eu concordo com vocês dois. Sei que já existem empresas nesse mercado, eu mesmo pesquisei isso. Sei também que adquirir uma franquia reduz os riscos e torna, normalmente, o retorno do capital mais rápido. Entretanto,...

- Lá vem você com seus "entretantos". – teme Carlos.

- Eu gostaria de colocar a nossa cara no negócio. Temos uma boa perspectiva de sucesso, se optarmos pelo mercado de educação profissional. Adquiri uma ótima experiência nos EUA em diversos ramos. Vocês dois têm uma longa estrada no meio empresarial, vieram de baixo, subindo degrau por degrau, com competência, também têm muito valor a agregar. Tenho certeza que podemos fazer melhor que essas empresas.

---

42 Incessantemente: sem parar

Carlos balança a cabeça negativamente, parece não acreditar no que está ouvindo. Sua preocupação é única e exclusivamente o dinheiro. Não está nem um pouco a fim de "colocar sua cara" em negócio nenhum. Já Fernando pensa um pouco diferente:

- Xandão, se escolhermos abrir com uma marca própria, a chance de falirmos é maior, mas a chance de um retorno financeiro melhor é bem maior. O retorno emocional de criarmos um serviço com características próprias, com a nossa "cara", como você disse, não pode ser desprezado. Seremos mais felizes em uma empresa deste tipo, sem dúvida, mas...

- Mas e o risco? – complementa o irritado Carlos.

- Não podemos esquecer que essas empresas, futuras concorrentes, já estão estabelecidas e tornam nosso risco muito alto. – complementa Fernando, dando um tapinha nas costas de Carlos, como se dissesse "não me interrompa".

- E o capital inicial? – Carlos rema contra a ideia do jeito que pode.

- Como eu apresentei aqui no penúltimo *slide*... – Alexandre responde irritado com o comportamento de Carlos – se abrirmos com marca própria, despenderemos[43] de 50% a mais de capital. Entretanto, um capital de que dispomos. Fique tranquilo, Carlos! Temos sobra até para o capital de giro.

- Não sei, não, Xandão. Fico triste de lhe dizer isso, depois de todo trabalho que teve para preparar isso tudo, mas a franquia está levando vantagem na comparação – observa Fernando.

- Concordo com você, Fernando, a não ser...

- A não ser... – Carlos fica curioso.

- A não ser que tenhamos um grande diferencial competitivo.

- Como o quê? – pergunta o objetivo Fernando.

- Não sei ainda. Concordo com tudo que foi dito aqui hoje. Devemos gerenciar os riscos e nos preocuparmos com o retorno. Acho que devemos colocar nossa "cara" no negócio, desde que não levemos a empresa à falência para isso. Temos que considerar todas as possibilidades, como abertura de uma franquia, especialmente quando não temos um grande diferencial. Gostaria de pedir a vocês mais uma semana.

- Para quê? – pergunta Carlos.

- Estou com umas ideias aqui dentro – aponta para sua cabeça. –Preciso de mais um tempinho para pesquisar e colocar no papel.

- Por mim, tudo bem – concorda Fernando.

---

43 Despenderemos: gastaremos

Os dois olham para Carlos, que continua irritado e hesita, mas acaba concordando.

- Está bem. Não serei eu a criar discórdia entre nós. Mais uma semana, no máximo. Já estamos há bastante tempo na montagem desse Plano de Negócios. Como já disse, o dinheiro vai acabar e fico preocupado.

- Sabemos disso, Carlinhos, e já lhe disse que estamos juntos. Se vier a precisar de algo, poderá contar comigo – Fernando tenta tranquilizar o compadre.

- Na verdade, conosco. Estamos no mesmo barco para o que der e vier – reforça Alexandre.

Carlos e Fernando, que estavam sentados vendo a apresentação de Xandão, levantam-se e os sócios-amigos se abraçam. Depois se encaminham para a porta.

Depois que seus dois sócios foram embora, Alexandre resolve dar uma pequena arrumada na sala, que serviu como espaço de reunião. Recolhe os copos sujos de refrigerante e os pratos com sobras de *nuggets*, que foram servidos como aperitivo. Lava a pequena louça e já começa a planejar o enorme trabalho que terá pela frente. Teve iniciativa e puxou para si uma grande responsabilidade. Assumiu grande responsabilidade, pois, e fracassar e não conseguir criar nada de valor, o grupo terá perdido uma semana de trabalho à toa.

\* \* \*

# CAPÍTULO 15

Segunda-feira e dessa vez Leo não perdeu a hora. Pegou o primeiro tempo de História, e a professora iniciou um capítulo sobre Reforma e Renascimento. Por se tratar de um momento histórico de ruptura[44], Leo se interessou ainda mais pela aula.

Ao final da aula, Helena, que está sentada em uma das primeiras filas, guarda seu material, enquanto é observada por Leo. Ele procura se concentrar, não esquece a conclusão da conversa que tivera com seu tio e não quer vacilar.

- *Preciso ter iniciativa! Não posso ficar parado! Tenho que falar com ela!* – repetia para si.

A professora já havia liberado os alunos. Helena se levanta para sair da sala e Leo mantém-se sentado, esperando que ela passe por ele, para puxar assunto. Ela se aproxima, para disfarçar, Leo finge estar copiando, mantendo a cabeça voltada para o caderno e acompanha os pés da menina para saber a hora certa do *aproach*. Quando percebe que Helena está a meio metro, Leo levanta seu rosto e uma mão toca o seu ombro.

- Parabéns, Leo! Percebi que hoje você estava muito atento à aula.

A professora de História escolheu logo este momento para fazer o elogio! Helena passa pela cadeira de Leo, e ele fica tão frustrado que até esquece o comentário positivo.

- Ei, Leonardo! Estou aqui, oh! Está me vendo?
- Ah, sim, professora, foi mal. O que a senhora disse?
- Vim te parabenizar pela sua atitude em sala hoje. O que você mais gostou?
- Gostei de tudo, fessora. É que eu achei muito maneiro a iniciativa dos reformistas. Se eles discordavam tão firmemente, realmente deveriam ter feito alguma coisa, e fizeram. Eles não ficaram parados.
- Nessa época ocorrem muitas transformações. Nas próximas aulas, estudaremos outros personagens importantes. Continue prestando atenção, pois você entendeu a filosofia dos movimentos: mudança, transformação,...
- Os responsáveis tiveram muita proatividade.
- É verdade. Nos vemos na semana que vem.
- Valeu, fessora.

---

44 Ruptura: quebra, rompimento

Leo gostou da conversa com a professora, mas ela "empatou" seu *aproach* com Helena. Porém, ele estava tão decidido, repleto de vontade e decisão, que desceu disposto para o intervalo. Não iria nem lanchar, mas procurar a menina e abordá-la.

O garoto vaga pelo pátio e nem dá bola para os diversos colegas que puxam papo. Seus olhos encontram Helena. Ela está em um grupo só com meninas.

- *Pelo menos, o arroz do Heitor não está lá* – feliz e com ainda maior motivação, devido à ausência do concorrente.

Ele se aproxima, e o grupo de quatro meninas acha muito esquisito isso.

- E aí?

Leo puxa conversa e como resposta obtém três olhares que queriam dizer: o que você está fazendo aqui? Somente Helena, logo Helena, é caridosa[45] com ele, dando atenção. Ele tenta novamente.

- Tudo bem?
- Tudo, Leovitorino. E você? – responde Helena.
- Leovitorino? – pergunta uma amiga.
- Depois eu te conto.

As três colegas de Helena continuam com olhares fulminantes para Leo, e sua confiança, naturalmente, vai diminuindo. Porém, não o suficiente para que desista.

- Aula maneira de História, hein?

Antes que Helena responda, uma colega se antecipa.

- Eu acho História um saco!

As outras duas concordam com a cabeça, e Helena fica em silêncio.

- Inclusive, a professora é um porre! – outra amiga detona.
- Eu não acho... – Leo tenta discordar, pois adora esta professora, mas é cortado por outra menina.
- Ah, é um porre mesmo.
- Sabe porque eu acho ela chata. O jeito de falar lembra a Teresa. Ela é chatérrima. – a terceira menina que não havia dito nada faz o comentário mais pesado.
- A Tetê? Que isso gente? – discorda mais uma vez Leo.
- Ela é toda certinha, se acha a dona da razão. A dona da escola. Agora, está querendo pegar o gatinho do Juan. Ele é um carro muito lindo para estacionar na garagenzinha brega dela. – a mesma garota explica o motivo.

Leo estava se sentindo no inferno, acompanhado de um anjo e três demônios que dominavam o ambiente. As coleguinhas de Helena eram insuportáveis! Estavam falando mal de todas as pessoas de quem ele gostava, sendo antipáticas e

---
45 Caridosa: bondoso, que faz caridade

discordando de tudo que ele falava. Como ele iria conversar com Helena? Pensou em chamá-la para conversar à parte, mas daria muito na pinta. Pensou em propor um assunto engraçado, mas as meninas iriam ironizar e debochar. Antes de qualquer outra ideia, uma das colegas propõe:

- Vamos ao banheiro?
- Vamos – respondem uníssonas[46] as outras duas e saem carregando Helena.

Elas nem se despedem. A situação deixa Leo furioso. Ficou até com saudade do Heitor.

Ele se manteve sonhando, acreditando. Teve iniciativa. Mas ainda não conseguiu conversar, sair e muito menos namorar Helena. Ele não imaginava que seria tão difícil conquistar uma paixão.

---

**PARA PENSAR...**

1. Você entende a diferença entre vontade e iniciativa, explicada por Alexandre?
2. Você concorda com a citação: "Só pega mulher quem chega". O que podemos aprender com essa frase?
3. Alexandre, na busca de convencer os seus sócios sobre a sua proposta de negócios, pesquisou durante uma semana e ainda pediu mais tempo. A atitude dele teve iniciativa? Por quê?
4. Você considera que Leo teve iniciativa de procurar Helena, depois que conversou com seu tio?
5. O que você faria se encontrasse as dificuldades que Leo encontrou?

---

\* \* \*

---

46 Uníssonas: em uma voz só

# Lição 3: Estude e busque novas oportunidades

# CAPÍTULO 16

Alexandre chega nervoso à casa dos Gantes. Toca a campainha e Carlos abre a porta.

- Olá, Xandão!
- *Sorry, I`m late.* – ele se desculpa pelo atraso.
- No problema! – Carlos alivia a barra do cunhado e mistura na mesma frase Inglês e Português.
- *Hi*, Fernando. – cumprimenta o outro sócio, que vai direto ao assunto.
- E aí? Trouxe alguma novidade?
- *Sure.* Não poderia de forma alguma pedir uma semana, sabendo que nosso tempo é cada vez mais precioso, e não conseguir nada.

O trio se dirige para a varanda, onde há uma mesinha e cadeiras suficientes para todos. Depois que todos se sentaram, Alexandre ligou seu *notebook* e começou sua explanação.

- Caros sócios, - iniciou de uma forma que parecia um discurso de político - em nossa última reunião, eu tinha ideias vagas sobre o que eu pretendia propor para nosso negócio. Depois de amadurecer meu pensamento durante uma semana, digo que devemos buscar novas oportunidades.

- Você está brincando comigo???? – Carlos se revolta – Só pode estar brincando! Pede uma semana para repensar o negócio e agora quer mudar para outro.

Fernando, mais equilibrado, não comenta a fala de Alexandre, mas faz uma expressão de desânimo. Segura o ombro de Carlos e pede que ele faça silêncio para Alexandre continuar sua explicação.

- Carlos, *be cool*! – quando Alexandre ficava ansioso, ele se esquecia de que estava no Brasil e falava mais palavras em inglês – Fique tranquilo.

Alexandre vira a tela de seu computador para os outros dois e continua o discurso que havia ensaiado.

- Existem duas maneiras de buscar uma nova oportunidade. Podemos escolher um novo negócio, algo que tenha demanda, mas totalmente inovador ou, então, buscar *gaps* dos negócios existentes.
- Como assim *gaps*? – Fernando pergunta.
- Um *gap* seria um buraco, no caso, uma oportunidade dentro dos negócios atuais que não é aproveitada pelo mercado. Resumindo, podemos explorar o mesmo negócio, mas de forma diferente.
- Exemplifique para mim – Carlos, sempre objetivo, querendo chegar logo nos finalmente.
- Falamos, em nosso último encontro, sobre a educação profissionalizante, e continuo acreditando nesse nicho[47].
- Todos nós gostamos deste tipo de negócio – Fernando respalda a fala de Xandão.
- Existem inúmeras empresas nesse mercado. Pesquisei todas elas e afirmo para vocês: temos condições de inovar e conseguir clientes que não são atendidos por elas.

Carlos se tranquiliza. Inseguro, desde que saiu do trabalho e a empresa não saiu do papel, gosta de perceber confiança em seus sócios. Alexandre falou com a firmeza necessária para tirar, mesmo que provisoriamente, o medo da mente de seu cunhado.

- Não é possível, Xandão. São tantas empresas, com inúmeras franquias espalhadas pelo Brasil, como pode ter uma oportunidade que não foi explorada por elas?
- E não é uma só. Identifiquei algumas possibilidades. Eu achei, por exemplo, os cursos muito teóricos. Não que eles sejam ruins, mas com a experiência empresarial de vocês, podemos tornar os cursos, como de secretária, recepcionista e auxiliar administrativo, mais práticos. Outra coisa, podemos também criar uma linha direta entre os alunos e as empresas, ajudando-os a conseguir um emprego no final do curso. E ainda existe demanda para inúmeros cursos, que simplesmente não existem.
- Caramba! Só isso já nos daria grande vantagem competitiva! – Carlos volta a se animar.
- Querem mais? Devemos nos preocupar com a localização. Vamos consultar dados que são disponibilizados por órgãos do governo, como o IBGE, e analisar as melhores localidades. Devemos consultar as maiores concentrações de desempregados,

---
47 Nicho: parte espercífica de um mercado ou habitat

menores aluguéis, renda *per capita* regional etc. Não podemos sair abrindo uma loja em qualquer lugar.
- Isso eu já havia anotado – Fernando observa.
- E tem também o *e-learning*[48].
- Mas isso já existe – comenta Fernando.
- Sim. Mas poucos são interessantes. Na maioria das vezes, o vídeo é longo e chato de ser assistido. Podemos quebrar em uma quantidade maior de vídeos mais curtos, aumentando o dinamismo e facilitando o trabalho do aluno. Dessa forma, ele pode progredir no curso todos os dias, fazendo cada dia uma aula e se tiver tempo poderá fazer duas ou mais, seguindo a velocidade que lhe for mais conveniente.

Alexandre prossegue sua apresentação, por mais uma meia hora. Durante esse tempo, continuou a animar seus sócios com novas maneiras de explorar o mercado de formação profissionalizante. Depois, Fernando e Carlos ficaram tão animados que conseguiram dar boas contribuições. Ao final, Alexandre solta um prolongado suspiro e explica:
- É muito bom o sentimento de dever cumprido.
- Que dever cumprido, rapaz? O dever está só começando – Fernando sinaliza.
- Que isso, Fernando? – surpreende-se Carlos.
- O Xandão trouxe uma grande ideia, mas não é suficiente...
- Peraí, cara. Um passo de cada vez. – Carlos agora é o mais empolgado e tranquilo do grupo.
- Eu sei, não estou criticando, mas devemos compreender que essas ideias sozinhas não resolverão nossos problemas – Fernando responde.
- Isso é óbvio. Todos sabemos que não basta identificar uma boa oportunidade – Alexandre põe fim na discussão.

Os três se entreolham, como se dissessem: *E agora? O que faremos?*
- Podem deixar, porque agora é a minha vez de entrar em cena – promete Fernando.

\* \* \*

---

48 *e-learning*: cursos via internet

# CAPÍTULO 17

- Sid, tô te falando, cara! Tá sinistro! Os três demônios não dão uma folga.

Leo e Sid conversam via *chat*. Leo conta para seu amigo sua epopeia[49]. Depois de tentar toda semana, Leo mais uma vez se sente longe de Helena.

- Três demônios? Que história é essa?
- Estou me sentindo em uma daquelas histórias que a professora de História, do sexto ano, nos contava sobre Mitologia Grega. Terei que ter a força e a coragem de Hércules para superar esses demônios.
- E o que isso tem a ver com as colegas da Helena?
- Você não está entendendo... Elas são insuportáveis e cruéis. Parece que saíram do fundo do inferno. São uns demônios. Todas as vezes em que tentei me aproximar da Helena, tive que aturá-las, pois estão sempre juntas. Tudo que eu falo, elas discordam, acham o assunto idiota, ou então me fazem parecer um idiota. Ficam me esculachando.
- Rsrsrsrsrsrrs
- Tá rindo de quê? Você está do meu lado ou não?
- Claro que estou, camarada! Mas a situação é engraçadíssima.

Neste momento, Alexandre, que terminou sua reunião, entra no quarto, cumprimenta seu sobrinho e pergunta sobre seu *love*. Leo se despede de Sid para conversar com seu tio e não consegue esconder seu desânimo, enquanto relata os acontecimentos da semana.

- Poxa, tio, não quero parecer um chato, pois, toda vez que você pergunta, eu trago um problema e estou desanimado.

Alexandre não se chateia ou aceita a derrota:

- *Relax, my friend*. Isso tudo é normal. Como te falei, já passei por isso.

O tio acha interessante o paralelo que existe entre o planejamento de seu negócio, que acabara de desenvolver na reunião com seus sócios, e o dilema vivido por Leonardo.

- Você quer uma sugestão?
- Claro.
- Quando estamos com um problema e não conseguimos resolvê-lo, muitas

---
49 Epopeia: jornada

vezes insistimos erroneamente [50]com a mesma estratégia. Quase sempre, as mesmas ações nos trazem os mesmos resultados. Se você quer um resultado diferente, tente uma estratégia diferente. Resumindo:

### Busque novas oportunidades

Leo pede, e seu tio tenta explicar melhor.
- Vou me basear no que você contou, ok?
Leo concorda com a cabeça.
- Você tentou durante toda a semana se aproximar de Helena.
- Tentei o *aproach*.
Leo adorou o termo gringo utilizado por Alexandre.
- Porém, teve dificuldade e fracassou todas as vezes. Por quê?
- Porque os três demônios estavam sempre por perto.
- Exato. Então, você encontrou uma dificuldade, um problema para ser resolvido, desde segunda e sua solução foi sempre a mesma, tentar o *aproach* mesmo na presença das coleguinhas.
- Você quer dizer dos demônios.
- Isso. Se você tentou uma vez, e o resultado foi ruim, tudo bem, pois como você saberia, não é? Você está inclusive de parabéns, pois teve iniciativa.
Leo fica feliz com o elogio.
- Aí, você não desistiu, apesar do fracasso e tentou novamente e qual foi o problema encontrado?
- Os demônios.
- E qual foi a sua solução?
- Tentar no dia seguinte...
- Leo, errar é humano, mas persistir...
- Ei, tio, qual é? Eu não sou burro!
- É só uma expressão, uma maneira cômica[51] de fazer uma análise. Não quis ofender.
- Tudo bem, pode continuar.
- Quando encontramos o mesmo problema, devemos ser criativos, pensar em outras estratégias. Buscar novas oportunidades. Novas ideias.
- Estou entendendo.

---

50 Erroneamente: de forma errada
51 Cômica: engraçada , hilária

- Vou te dar outro exemplo.

Alexandre conta um resumo da reunião que tivera, horas antes, com Carlos e Fernando. Leo, que gosta de saber os rumos do negócio, fica entusiasmadíssimo com o que ouve e consegue entender ainda melhor as ideias de seu tio, e a relação com sua situação.

- Caramba! Agora, eu entendi mesmo. Então, analisando minha situação, o meu problema não é a Helena. Ela até tem sido simpática. O problema é a presença dos demônios. Então, devo procurar um momento para o *aproach,* em que ela esteja sozinha.

- Procurar um momento ou então criar um. Antes que você pergunte: "Como assim?", vou lhe dizer. Muitas vezes, um resultado depende de ideias, de conseguirmos utilizar eficazmente a criatividade. Agora, a pergunta de um milhão de dólares: o que é criatividade?

- Essa pergunta é de múltipla escolha? – brinca Leo.

- Não, é discursiva e não tem gabarito, ou seja, é uma pergunta aberta, com várias respostas. Entre todas as definições que eu já vi, eu gosto muito dessa: Criatividade é a capacidade para inovar, seja na realização de uma atividade ou na solução de um problema.

- Maneiro, hein. Repete para que eu copie.

- Pare de zoar. Ser criativo é uma qualidade fundamental hoje em dia. Deveríamos ter aula de criatividade na escola.

Leo acha engraçado a proposta de seu tio e questiona:

- Mas como seria essa aula?

- Você está rindo porque tem uma visão deturpada[52] de como é a criatividade. Você imagina que a criatividade é assim, – Alexandre estala os dedos – ou seja, estamos de bobeira e de repente temos uma ideia genial e pronto. Isso acontece e é uma das formas que a criatividade acontece, porém, sinceramente, acredito que isso aconteça na minoria das vezes. Boa parte das grandes ideias, hoje em dia, nasce a partir de uma criatividade racional.

Leo faz cara de "QUÊ?", e Alexandre prossegue:

- Quero dizer que o estudo é fundamental. Se quisermos resolver um problema, devemos estudá-lo com detalhes, a partir dessa análise, imaginar e criar soluções. Dessa forma, utilizamos a razão para sermos criativos.

Leo finalmente parece entender a proposta de seu tio:

- É, tio, realmente uma aula assim de criatividade, que nos ensinasse a pensar, seria irada. Porém, ao invés disso, temos Matemática, Geografia, Ciências,...

---
52 Deturpada: falsa, enganada

- Calmaí! Essas também são importantes.

Alexandre fica um breve tempo em silêncio observando Leonardo, que está sentado na cadeira à frente do computador.

- Que foi, tio? Está olhando de um jeito estranho!

- Engraçado. Estamos falando de criatividade e buscar novas oportunidades e temos um grande exemplo aqui – apontando o computador sobre a mesa de seu sobrinho.

- Está falando do computador, tio?

- Quase isso. Você sabe a diferença entre *hardware* e *software*, não é?

- Lógico que sei. *Hardware é a* máquina propriamente dita e *software* são os programas que a fazem funcionar.

- Você sabia que há cerca de trinta anos atrás não havia PCs? Os computadores eram gigantes e utilizados somente por grandes empresas.

Leo faz uma cara engraçada, como se fosse impossível imaginar um mundo sem computadores.

- Já ouviu falar de Bill Gates?

- Sim. Quem não ouviu? É o dono da Microsoft.

- Exatamente. Ele foi o principal responsável pela revolução da informática criando *softwares* que facilitaram e popularizaram o uso dos computadores. Quando você olha hoje a Microsoft tem dificuldade de imaginar que ela começou na garagem da casa de Bill Gates.

- Como foi que ele conseguiu isso tudo?

- Ah, *my friend*. Não posso dar tudo na sua mão. Não posso te dar todos os peixes, tenho que te ensinar a pescar. Já te dei o nome e algumas dicas, você já sabe pesquisar. Não deixe de fazer isso, pois esse exemplo tem tudo a ver com que falamos.

- Pode deixar, tio, pois não estou acostumado com vida fácil.

- Isso é bom. Toque aqui.

Os parentes trocam apertos de mão e Xandão abandona o quarto, encostando a porta. Leo, como sempre, fica com enorme curiosidade e louco para pesquisar e, ao retornar para o monitor, percebe que Sid já saiu do *chat*.

Então, aproveitando sua motivação e o computador ligado, Leo entra no tradicional *site* de busca e digita: Bill Gates.

## BILL GATES E A REVOLUÇÃO DA INFORMÁTICA

O pequeno William Henry Gates III nasceu em 28 de outubro de 1955, em Seattle, noroeste dos EUA. Sua família era de classe média alta e Bill pôde estudar em boas escolas particulares em sua cidade natal. Aos 17 anos foi aprovado em Harvard, tradicional universidade americana, conseguindo mais de 99% dos pontos possíveis em um dos testes de acesso.

Bill Gates cursava a universidade, quando aos 19 anos e junto com seu amigo de infância Paul Allen, abriu uma empresa chamada Microsoft (inicialmente Micro-soft). Dois anos mais tarde, Bill abandonaria a universidade para se dedicar exclusivamente à empresa.

O grande passo da recém-criada empresa foi dado em 1980, quando a gigante do hardware IBM a procurou para desenvolver uma linguagem para o novo PC(personal computer) que seria lançado. Essa grande oportunidade foi muito bem aproveitada como o próprio Bill Gates reconhece, em seu livro *A Estrada do Futuro*:

*"Participar dos primeiros estágios da revolução dos PCs parecia a oportunidade de nossas(Gates e Allen) vidas e nós a agarramos."*

Gates e Allen tiveram muita perspicácia ao investir em programas, em uma época em que somente as máquinas(hardware) tinham valor. Bill percebeu que, ao ligar o computador, o usuário observaria e manipularia o software e conseguiu manter os direitos de seu MS-DOS, na negociação com a IBM. Assim, ficou posteriormente livre para negociar seu produto com outras empresas, como a Apple.

Depois que conseguiu popularizar seu sistema de operação, Gates não parou. Viu uma grande oportunidade no lançamento de programas com outras funcionalidades e promoveu o Word, Excel e PowerPoint entre outros programas, todos para Windows. Outra grande fonte de renda da empresa é decorrente da permanente atualização. A Microsoft se caracterizou em nem sempre ser a pioneira, mas buscar as soluções mais adequadas para as necessidades do usuário. Depois desse início, o valor da Microsoft e a fortuna de Bill Gates cresceram assustadoramente, figurando como o homem mais rico do mundo várias vezes.

> Ironicamente, o maior erro da Microsoft, em sua história, foi demorar a investir em uma outra oportunidade: a Internet. Gates não acreditou inicialmente no potencial da rede mundial, abrindo espaço para empresas como Yahoo e Google. Entretanto, essa falha não tira o brilho da história desse gênio que recentemente se aposentou do cargo de presidente da empresa, direcionando seu tempo e parte de sua fortuna para a filantropia

\* \* \*

# CAPÍTULO 18

- Teresa, por que você vive andando com aquele carinha?
- Sid, desde quando eu tenho que te dar satisfação?

Sid passou mais um final de semana péssimo. Durante toda semana, ele viu Teresa se aproximar de Juan. Rolava pela sala um bafafá que eles já tinham até ficado. Porém, Sid manteve suas esperanças, principalmente pela influência de Leo. No final de semana, seus pais viajaram e ele ficou na casa da avó que, apesar de muito solícita[53], não conseguiu suprir as necessidades de diálogo do neto. Dessa forma, sentiu-se solitário, piorando sua fossa. Em compensação, tomou uma decisão, no domingo à noite, iria procurar e conversar com Teresa na segunda, sem falta. O momento escolhido foi o fim da manhã.

- Você o conheceu outro dia e agora não sai do seu lado!

Sid continua a reclamar ao final da aula. Os dois estão na porta da escola e conversam sozinhos, mas o alto tom de voz de Sid começa a chamar a atenção dos demais alunos.

- Sid, o que está acontecendo com você? – Teresa pergunta e demonstra não entender a situação.
- Não quero ver minha amiga o tempo todo com esse pela-saco!
- E por quê?
- Porque ele é um pela-saco!
- Você já conversou com ele?

Sid não responde, mas fica com uma cara que quer dizer não.

- Se você não o conhece, como pode achá-lo um pela-saco?

Sid continua calado, e Teresa percebe o motivo de toda aquela reação exagerada.

- Você está com ciúmes?

Sid esboça negar, mas se emociona. Para piorar, Teresa se aproxima e segura sua mão.

- Ah, Sid, que isso? Você sempre será meu amigão. Nunca vou me esquecer de você – Teresa fala em tom singelo e tasca um abração em Sid.

O garoto demorou, mas resolveu retribuir o abraço. A delicadeza de Teresa quase fez com que sua determinação e estratégia fossem por água abaixo. Entretanto, uma outra fala tirou Sid do sério.

- Poxa, Sid, não fique assim. Quer ver, eu não tenho ciúme de você com a Tati.

---

53 Solícita: disposta a ajudar

- Quê? – afastando Teresa – Tetê, preste atenção, porque só vou dizer uma vez: eu não tenho nada com a Tati, não quero ter nada com ela e não terei nada. – em tom sério.

Teresa fica com uma cara de revolta, com a estupidez de seu amigo, e não responde.

- Deixa para lá. Deixa para lá tudo. Esquece tudo que conversamos. Se você quiser andar com o Juan, se quiser ficar com ele ou casar com ele, tudo bem. Não tenho nada com isso, não precisa me dar satisfação, como você mesmo disse. Tenho que ir. Fui! – se despede sem dar um beijo ou um abraço.

Teresa fica sem palavras e sem entender a reação exagerada de seu amigo. Vagando pela porta da escola, encontra Leo, que conversa com Tati e, buscando entender, vai em sua direção.

- Falaí, Tetê!
- Oie! – cumprimenta a sempre simpática Tati. – Você está estranha, meio pálida.
- Leozinho, você sabe o que está acontecendo com o Sid?
- Por quê? – Leo finge não entender a pergunta.
- Acabamos de conversar, e ele foi super esquisito, muito estúpido comigo.
- Não sei de nada, não.

Tati encara Leo como se dissesse: Ah, você não sabe, não é?!

- Tê, posso te falar uma coisa? – pergunta Tati.
- Pode, sim.
- Estou sem entender uma parada. Eu te conheço há pouco tempo, mas sou muito boa em primeiras impressões, elas costumam ser acertadas. Você me passa uma impressão de uma garota independente e inteligente.
- E?
- E eu não acredito que você não tenha percebido.
- Percebido o quê?

Tati e Leo trocam sorrisinhos.

- Percebido o quê? – insiste Teresa.
- Isso, amiga, você terá que descobrir sozinha, porque não vamos te contar, não é, Leozito?

Leo concorda com a cabeça.

- Poxa, gente! Leo, você me conhece, sabe que sou curiosa.
- Pois é, Tetê. Você fez alguma coisa para o Sid ficar tão revoltado, como você disse?

- Não.
- Então, deve ter algo que esteja escapando de sua visão, que você não está percebendo.
- Já demos muitas dicas. Leozito, me liga para combinarmos aquele cinema.
- Está bem, Tati.

Tati se despede da dupla e se retira. Leo se prepara para se despedir de Teresa quando é impedido.
- Ei, ei! Aonde você pensa que vai? – Teresa o segura pelo braço.
- Pra minha casa. Quer saber também o que vou fazer? Vou almoçar, dormir uma meia hora e estudar para o teste de Matemática.
- Engraçadinho. Pode falar. O que está acontecendo?
- Tchau, Tetê. Como a Tati disse, você é muito esperta, basta prestar atenção, está na sua cara – e se despede com dois beijinhos nas bochechas da amiga.

Teresa fica sozinha, na porta da escola, durante alguns segundos. Independente, está acostumada a ficar no controle. Odeia quando não domina os acontecimentos. Depois de algum tempo, outra pessoa se aproxima e a segura pelo braço.
- Oi, Tê! Está esperando alguém?

Ela abre um sorriso e responde:
- Não, Juan. Não, mesmo.
- Quer companhia para voltar para casa?
- Mas sua casa não fica para o outro lado?
- Eu faço uma voltinha. Caminho dois quarteirões a mais. Compensa pela companhia.
- Então, tá. Vamos.

Teresa deixa sempre claro que fica muito feliz com os elogios de Juan, que são constantes. Sorri com cara de boba, e todos podem perceber. Mais uma vez, o garoto, com pinta de conquistador, marca mais um gol, e os dois voltam para casa no maior clima.

Teresa fica tão deslumbrada que nem percebe uma figura conhecida do outro lado da rua, atrás de um carro. Sid observa o casal caminhando juntos com olhos marejados[54].

\* \* \*

---

54 Marejados: molhados de choro

# CAPÍTULO 19

No final da tarde, Sid foi para casa de Leo. Frustrado, precisava desabafar o que estava sentindo com seu melhor amigo, depois que viu Teresa e Juan juntos.

- Cara, que chato! Você deve estar boladão – Leo comenta.
- Estou mesmo. Nem queria vir aqui, porque pensei que você iria continuar botando pilha, me incentivando a não desistir.
- Sid, eu acabo comparando sua situação com a minha. Eu ainda estou afinzão da Helena, apesar de todas as dificuldades, e logicamente colocaria pilha, mas, se você não quiser mais, eu paro.

Sid fica pensativo. Sente-se em um momento de grande decisão, como se tivesse, naquele instante, que dar uma resposta definitiva sobre ele e Teresa. A porta do quarto de Leo, que fica sempre fechada para manter uma privacidade, abre-se quebrando o clima de final de filme.

- Leo, telefone para você.
- Valeu, Déa.

Leo pega a extensão de seu quarto e atende a chamada.

- Alô.
- Alô, Leozinho.

Leo toma um susto, vira-se para Sid e fala baixinho:

- É a Tetê.
- O que ela quer?
- Não sei.

Os dois sussurram e ficam curiosos.

- Leozinho, está podendo falar?
- Sim. – Leo procura ser curto em sua resposta.
- Qual o problema do Sid?

Leo fala para o nervoso Sid o que Teresa acabara de dizer.

- Pô, Tetê. Como te disse de manhã, você tem que conversar com ele – sob os protestos de Sid.
- Eu sei, Leo, mas... Não sei explicar direito, o Sid anda estranho, e eu também com ele. Pela primeira vez, não me sinto à vontade para conversar com ele.
- O que ela está dizendo? – pergunta baixinho Sid.
- Peraí, cara! Não consigo falar com os dois ao mesmo tempo – responde Leo com o telefone fora da boca para que Teresa não ouça.

Depois retorna para a conversa com sua amiga.

- Entendo o que você está dizendo, Tetê, mas não tem outro jeito.
- Tem, sim. Você pode me contar.
- Tudo bem. Vou te contar...
- Não! – berra Sid.

Teresa tem a impressão de ter ouvido uma voz diferente do outro lado da linha e pergunta:

- Leo, tem alguém aí com você?
- Não. Foi a Déa berrando lá fora. Peraí, só um instante.

Leo tampa o fone e dá uma bronca em Sid:

- Poxa, Sid! Você quer que eu diga que você está aqui? Quer falar com ela? – estendendo o telefone para o amigo.
- Não, mas o que você vai contar para ela?
- Confie em mim – e volta para sua conversa ao telefone.
- Tê?
- Sim. Pode falar.
- O que eu estava dizendo mesmo?
- Você ia me contar o que está acontecendo com o Sid.
- Na verdade, queria dizer o seguinte, se eu te contar o problema dele, o que você fará depois?
- Ué, não sei, depende do problema.
- Tetê, seu grande amigo está com um problema, o que você faz? – Leo pergunta com tom sério, como de um pai.

Depois de um tempinho em silêncio, Teresa responde e já percebeu a armadilha que seu amigo criou.

- Vou procurá-lo para conversar e oferecer ajuda.
- Você está disposta a fazer isso, caso Sid esteja com algum problema?
- Sim, estou.
- Eu sabia, por isso não te contei. Sei que é uma menina de virtude.
- Virtude? Que palavra bonita!
- Aprendi no ano passado na minha terapia. Quer dizer que você busca ter atitudes éticas, justas, preocupadas com seus colegas.
- Agora você está me botando pressão.
- Só um pouquinho. E aí?
- É... não tem jeito mesmo. Vou procurá-lo.
- Que desânimo! Parece que está indo fazer prova de Matemática!

Teresa dá uma risada, e Leo tenta tirar alguma coisa dela.
- Tetê, me responde uma coisa: por que você está sem graça de falar com o Sid?
A pergunta parecia fácil, mas Teresa ficou muda durante um bom tempo, e Leo insistiu:
- E aí, Tetê? A pergunta está difícil? Você quer opções?
- Não sei te responder, Leo. Você fez uma pergunta que eu não sei a resposta, pelo menos por enquanto. É esquisito. Parece que não somos mais amigos.
- E comigo? Também é esquisito?
- Pois é... não. Não mudou nada entre mim e você, mas com o Sid a parada está estranha.
A essa altura, Sid já andava pelo quarto de um lado para o outro, louco de curiosidade e pressionava Leo para que desligasse.
- Tetê, tenho que desligar. Minha mãe está perturbando com a conta de telefone e disse que, se eu extrapolasse este mês, teria que pagar da minha mesada.
- Mas fui eu quem ligou!
- Não importa para ela. Simplesmente não quer me ver preso a este aparelho.
- Tudo bem, beijos, Leozinho. E valeu pelo toque.
- Beijos!
Leo coloca o aparelho no gancho, e Sid começa o seu batalhão de perguntas. O garoto, pacientemente, solidário ao amigo, responde a cada uma delas e ao final havia relatado toda a conversa que teve ao telefone.
- Sid, agora pode se preparar.
- É, eu sei. Você precisava ter incentivado ela?
- Você estava aqui e te contei tudo. O que eu podia fazer? Pare de resmungar[55]. Encare isso como uma oportunidade.
- Quê?
- Os japoneses nos ensinam que devemos encarar as crises como oportunidades de mudança, de melhoria etc.
- É mesmo? – Sid, que estava cabisbaixo, se revolta com seu amigo. – Você está me sacaneando?! Oportunidade?!
- Calma, parceiro. Por que estaria te sacaneando?
Sid se acalma, e Leo prossegue:
- Imagine a situação do Diego, lá da escola.
- Aquele que era da nossa turma e foi reprovado?
- Isso mesmo. Ele foi reprovado e deve ter pensado que estava em uma grande

---
55 Resmungar: reclamar

crise. Seus pais brigaram com ele, deve ter ficado sem presentes no Natal, proibido de jogar bola e tal.

- É um grande problema, sem dúvida.
- Isso é fato. Mas, se ele olhar para a crise, perceber os seus motivos e buscar acertar para não passar mais pela mesma situação, ele terá transformado uma crise em uma oportunidade para melhorar.

Leo explica devagar e com paciência, convencendo seu amigo.

- Legal, Leo, agora eu entendo. Você, realmente, não estava me sacaneando, de onde você tirou isso?
- Estava conversando com meu tio sobre oportunidade, e ele me contou um pouco a história do Bill Gates. Depois, continuei minha busca e caí em um *site* que falava sobre a cultura japonesa.
- Está bem – Sid olha com orgulho para o amigo. – Agora, preciso ir.
- De repente, a Teresa te liga ainda hoje.
- Não vou falar sobre essas coisas por telefone. Acho que vou chegar a minha casa e dormir para não correr esse risco.
- Mas, Sid, são sete horas da noite!!! Se ela te ligar, você diz para conversarem amanhã pessoalmente. Não precisa mentir!
- E quem é você para me dar lição de moral? Acabou de mentir para sua melhor amiga.
- Qual foi a mentira que contei?
- Por que falou para Teresa que tinha que desligar por causa da sua mãe.
- Sid, isso é verdade. Minha mãe vai passar o carro sobre mim, se eu continuar estourando a conta de telefone.

Os amigos caem na gargalhada com a situação. Em seguida, Leo tem uma ideia, daquelas que mexem com nosso estado de espírito. Ele não consegue esconder e solta um sorriso que não cabe na boca.

- Leo, por que de repente você ficou tão feliz? Parece um cavalo mostrando todos os dentes.
- O telefone é uma invenção fantástica.
- Mais ou menos. Por culpa do telefone, sua mãe vai te dar o maior esporrão e cortar sua mesada.
- Eu sei, mas às vezes vale a pena.

Leo apresentava um grande e cintilante[56] sorriso, que parecia dominar todo seu corpo.

---
56 Cintilante: brilhante

- É melhor eu ir, porque você está me assustando com sua cara de maluco.
- Até mais.

Leo praticamente despacha seu amigo e agora parece ansioso para fazer algo. Depois que Sid sai do seu quarto, ele pega o telefone e se joga sobre a cama com empolgação. No telefone, aciona na memória um número conhecido.

\* \* \*

# CAPÍTULO 20

- Alô? Quem é?
- Helena, sou eu, Leonardo, da escola.
- Leonardo?

Leo sente uma facada no peito: *Ela não lembra de mim?!*

- Não conheço nenhum Leonardo.
- Nos falamos na festa da Tati. – Leo insiste mais um pouco.
- Não conheci nenhum Leonardo na festa da Tati. Conheci um tal de Leoclício ou Leoleco, não lembro ao certo.
- *Ufa! Ela está me zoando.* – percebe Leo.
- É você, Leopetrítio?
- Quando você vai parar de zoar o meu nome?

A maneira espirituosa de Helena ser deu um susto em Leo, mais uma vez, mas pelo menos gerou o primeiro assunto do bate-papo.

- Eu, zoando? Você que não tinha certeza do seu nome e me confundiu.
- Você acha o seu nome o máximo, não é?
- Filhinho, meu nome está na história. Já ouviu falar de Helena de Troia?
- Sim. Eu vi aquele filme com o Brad Pitt.
- Ela foi a mulher mais bonita de todos os tempos. Meu pai colocou meu nome em sua homenagem. E o seu? Por que é Leopardo?

Leo não consegue se conter e solta uma risada.

- Engraçado, não sei. Você perguntou e eu não sei responder... É, não sei...

Sem saber responder a pergunta e sem conseguir puxar um novo assunto, Leo fica em silêncio ao telefone. Silêncio incômodo quando se está em um *aproach*, buscando palavras para agradar a outra pessoa e uma forma de convidar para algo mais, como uma saída para o cinema.

- Tudo bem, vou tentar gravar o seu nome para não te zoar mais, e por que você me ligou?

Helena era doce e educada, mas também brincalhona. Fez a pergunta para mexer com Leo e deixá-lo sem graça. Sabia que era linda e o porquê de os meninos ligarem para ela.

- Peguei seu telefone com a Teresa. Acabei de ligar para ela e peguei seu número – Leo começa a se enrolar com as palavras, nervoso, diante da menina que pretende conquistar.

- Isso não é uma resposta para a minha pergunta.
- Algum problema por ter pego seu telefone?
- Não, Leo. Estou brincando com você – Helena revela sua gozação, quando percebe que o garoto ficou enrolado. – Não tem problema, mas, falando sério, qual o motivo?

Leonardo se enche de coragem e se concentra para não errar as palavras.
- Tentei falar contigo na escola, mas não consegui e resolvi te ligar.

Helena fica quieta, dando espaço para Leo prosseguir.
- Estava pensando em assistir, na sexta, ao filme nacional que vai estrear e queria saber se você gostaria de ir comigo?

Helena não demora muito para responder, mas para Leo parece uma eternidade.
- E por que você não conversou comigo na escola?

Leo fica na dúvida sobre qual resposta escolher. A política, falsa, mas que não compromete, ou a verdadeira, que demonstra personalidade, mas que pode queimar seu filme. Tinha acabado de falar sobre mentiras e verdades com Sid e decidiu pela segunda.
- Helena, posso te falar a verdade? Aquelas suas amigas são um saco! Você parece um anjo no meio de três demônios.

Leo ouve uma sonora gargalhada do outro lado da linha.
- *Ainda bem que ela achou engraçado. Acho que fiz a escolha certa.*

Helena gargalha durante um bom tempo, ainda rindo tenta voltar para a conversa.
- Você sabe que eu também as acho um porre? Aquelas garotas são muito chatas! Reclamam de tudo. O inferno deve ser muito maneiro, para elas reclamarem tanto aqui na Terra – Helena cria uma afinidade com Leo e até se aproveita de sua metáfora[57].

Leo acertou na mosca um alvo que não conseguia enxergar. Golaço!
- Elas não têm nada a ver com você.
- É mesmo, você tem razão. Acho que amanhã chegarei para elas e direi: Sabe de uma coisa, o Leo tem razão, vocês parecem uns demônios!!!!

Leo se assusta um pouco.
- Que isso, Lena? Não precisa disso.
- Estou zoando. Não vou fazer isso.
- Então, por que você anda com elas?
- Ah, sei lá. Sou nova na escola, elas me receberam super bem. Quando

---
57 Metáfora: comparação

mudamos de escola, é normal aceitarmos amizades de pessoas com quem não temos afinidade. Depois achamos nossos futuros verdadeiros amigos.

Leo, que já estava apaixonado pela beleza de Helena, fica cada vez mais caidinho ao conhecer sua personalidade.

- Isso acontece mesmo. Você já conheceu a Teresa?
- Já, sim. Ela pareceu muito maneira, mas está sempre com o Juan. Não consegui fazer amizade com ela.
- *Mais uma pessoa que percebe a relação da Tetê e do Juan* – pensa Leo.
- O Heitor também tem sido super maneiro comigo.
- Pela-saco!
- Quê?

Leo pensa alto, e Helena quase ouve. Não quer destratar o concorrente. Não acha ético.

- Nada, não. Realmente, o Heitor é um cara bacana. – fala sem demonstrar firmeza.
- Ele tem me ajudado na adaptação na escola, pois como vim de uma escola mais fraca, estou tendo dificuldade em algumas matérias. O Heitor tem vindo aqui em casa para estudarmos juntos.

Leo fica em silêncio em uma mistura de raiva consigo mesmo, por não ser *nerd*, e recalque da vantagem que Heitor tem atualmente.

- Você está ouvindo, Leo?
- Estou, sim.

O silêncio retorna à conversa. Leo não sabe qual assunto puxar, mas Helena rompe a monotonia[58].

- Leo, minha mãe está me chamando para jantar. Preciso ir.
- Tudo bem.
- E não vou poder ir com você para o cinema, na sexta, pois já tenho um compromisso. Nos vemos na escola.
- Está bem. Tchau!
- Beijinhos! Tchau!

Leo coloca o aparelho no gancho. Ele tem vários sentimentos misturados. Felicidade com ele mesmo por ter tido iniciativa e criatividade ao usar o telefone para se livrar da influência dos três demônios. Frustração por não ter tido papo suficiente para continuar a conversa. Inveja pela posição privilegiada do concorrente Heitor. Esperança, pois a conversa foi muito boa e ele pode continuar sonhando.

---
58 Monotonia: mesmice, chatice

Deita em sua cama e observa o pôster do *Batman*, enquanto reflete, de forma confusa, sobre o bate-papo com Helena:

*- Por que ela não quis ir ao cinema? Será que ela sairá com o Heitor? Quem sabe outro arroz pela-saco. Ela foi tão maneira, será que foi educação ou ela gosta de mim? Eu podia ter mais assuntos para puxar. Pelo menos consegui falar com ela... Tenho tantas dúvidas. A escola podia ter um professor ou monitor para tirar essas minhas dúvidas.*

Podia mesmo.

### PARA PENSAR...

1. Alexandre pesquisou diversas fontes para construir parte do Plano Estratégico da empresa. Qual a importância de estudar e se preparar para poder construir e usufruir de boas oportunidades?
2. Alexandre explicou para Leo que a criatividade pode acontecer através de uma ideia inovadora ou de uma análise racional do problema. Você entende a diferença? Pense em exemplos da sua vida em que isso aconteceu.
3. Apesar de ter iniciativa, Sid ainda não conseguiu se declarar para Teresa e ainda por cima brigou com ela. Você concorda que, além da atitude, é necessário inteligência para atingirmos nossos objetivos? O que você faria diferente no lugar dele?
4. Conversando com Sid, Leo disse que devemos encarar as crises como oportunidades para mudar e melhorar. Você concorda com ele? Por quê?
5. Leo, além de iniciativa, foi criativo e resolveu ligar para Helena. Porém, ela não topou ir ao cinema com ele. O que você faria agora, no lugar dele?

\* \* \*

# Lição 4: Construa planos concretos

# CAPÍTULO 21

Devido a todos os acontecimentos, Leo não conseguiu estudar para o teste de Matemática. No dia seguinte, a avaliação ocorreu logo nos dois primeiros tempos de aula, e, obviamente, ele não foi bem. Em seguida, a professora de História entrou super empolgada.

- Oi, turma, tudo bem?

- Tudo – quase todos respondem a uma só voz. A professora lecionava[59] de uma forma que incentivava os alunos. A aula era uma narrativa de uma sucessão de fatos históricos e assim estudar se tornava prazeroso.

- Turma, hoje iniciaremos o estudo da Renascença. Esse período marca o fim da Idade Média e início da Idade Moderna. Vocês sabem por que é denominada Renascença?

A pergunta foi muito aberta e ninguém responde. Ela prossegue:

- Os historiadores consideram a Idade Média como um período improdutivo para a humanidade, que ficou mergulhada em uma religiosidade excessiva. Ao fim desta época, a humanidade se voltou para a cultura romana e grega antiga, anteriores aos tempos medievais. Essas culturas valorizavam o racionalismo e o conhecimento filosófico e científico, por isso se considera um renascimento. A partir de então, vários homens puderam exibir sua arte e realizar pesquisas científicas.

Os alunos se interessaram pela história e fizeram várias perguntas. Todas respondidas com o máximo de carinho e didática. Em seguida, a professora pediu que todos abrissem seus livros em uma determinada página.

- Nesta página, vocês podem observar alguns dos maiores artistas e cientistas renascentistas e suas obras.

Leo está tão interessado na aula que até conseguiu esquecer Helena por um tempo. Ele abre na página requisitada e inicia uma leitura por conta própria. Acaba descobrindo que tem um xará de quinhentos anos de idade.

---

[59] Lecionava: ensinava

- Ih, fessora, tem um Leonardo aqui! – exclama, todo feliz.

- Tem mesmo. Leonardo da Vinci foi um dos maiores renascentistas. Alguns o consideram o homem mais criativo de todos os tempos.

- Tá vendo, Sid. Leo é o cara! – cutuca e provoca o melhor amigo que está ao lado.

- É, pode ser. Mas não é o Leonardo Gantes, é o Da Vinci.

- Inclusive esse não era o seu sobrenome. Vinci foi a cidade onde ele nasceu e assim que ele ficou conhecido – informa a professora.

Leo retorna para a leitura da apostila, onde encontra algumas informações sobre seu xará. Leo se surpreende com alguns dados:

- Fessora, como ele era pintor, escultor, poeta e inventor ao mesmo tempo?

- Leonardo, obviamente, você não está prestando atenção. Já estamos lendo a página seguinte, e você nos interrompe com uma pergunta. Aguarde, pois no final da aula eu te explico.

- Foi mal, professora. – Leo se desculpa pelo inconveniente, mas continua sem prestar atenção na leitura da turma. As poucas informações que teve do outro Leonardo foram suficientes para despertar sua curiosidade sobre o personagem e, quando surge sua curiosidade, ele se esquece do mundo ao seu redor.

Depois de cerca de quarenta e cinco minutos, a professora encerra a aula sobre Renascimento e libera a turma para o intervalo. Sid chama Leo para descer, mas, como sempre, ele ainda está copiando a matéria e pede para Sid ir sozinho. O amigo aceita a sugestão e se encaminha para o intervalo sozinho.

Ao terminar de copiar, Leo se lembra que a professora havia oferecido ajuda no final da aula. Como ela havia saído, resolve ir até a sala dos professores, onde o corpo docente[60] fica durante os intervalos. Então, em vez de descer as escadas rumo ao pátio, segue até o fim do corredor. Quando cruza a sala da direção, sente um calafrio e pensa:

- *Ainda bem que faz muito tempo que não preciso vir aqui.*

Chega à porta da sala dos professores, e, no momento em que estica o braço para bater na porta, a mesma se abre.

- Olá, Leonardo – com a mesma voz imponente[61] de sempre, o diretor Napoleão cumprimenta o aluno.

- Oi, diretor – cumprimenta sem empolgação.

- Tudo bem com o senhor? – Napoleão era muito formal.

---

60 Corpo docente: corpo de professores
61 Imponente: grandiosa, mastejosa

- Tudo sim.

- E o que traz você aqui, na hora do intervalo? Não deveria estar lanchando com seus colegas?

- Deveria, sim, mas... – Leo ficou sem graça de falar a verdade, porque se lembrou das discussões que teve no passado com o próprio diretor e não queria "dar o braço a torcer", parecer mudado, como se fosse um *nerd*.

- Mas o quê, meu jovem?

- Queria falar com a professora de História.

Napoleão quase perguntou: "Algum problema?", mas se lembrou que o garoto estava melhor e não quis invadir sua privacidade.

- Está bem. Vou chamá-la para você – e entra novamente na sala.

Leo pensa:

- *Realmente, valeu a pena mudar meu comportamento. O Napoleão vivia me dando esporro, agora até favor está me fazendo.*

A professora aparece e pergunta:

- Oi, Leo, veio tirar a dúvida que me perguntou em sala?

- Vim, sim. Gosto muito de história, a senhora sabe, e ainda mais dos grandes personagens. Já estudei sobre Aristóteles, Rousseau e mais recentemente Martin Luther King. O Leonardo da Vinci me pareceu ter sido muito importante.

- Leo, entre aqui – a professora o convida para entrar na sala dos mestres.

Leo pede licença e entra devagarinho. Na sala, havia dois sofás com quatro lugares no total e uma enorme mesa, com umas dez cadeiras. Ele fica um pouco sem graça, pois nunca havia entrado naquela sala e podia ver todos os seus professores reunidos, em um momento de desconcentração. A maioria não pareceu à vontade com a sua presença, mas isso não o incomoda, pois sabe que em outros tempos a professora não o teria convidado para entrar, e já se sente um vitorioso. Ela puxa uma das cadeiras da grande mesa e pede que ele se sente. Depois ter o pedido atendido, ela inicia o assunto:

- Fico muito feliz com seu interesse, de fato você sempre se interessou pela minha aula, mas isso não é suficiente. No passado, você era um aluno muito indisciplinado de uma forma geral.

- Eu sei... – aceita Leo.

- Não sei se você sabe exatamente. Existiam algumas formas de indisciplina no seu comportamento. Vou citar duas para exemplificar: você era bagunceiro, isso demonstra falta de disciplina com as regras escolares e não estudava, o que significa que você era indisciplinado com seus objetivos, ou seja, apesar de gostar da matéria, você não se esforçava e com isso não aprendia tudo que podia, te afastando-o dos seus sonhos.

A professora conversa com Leo de uma forma que nem parece uma bronca. Ele ouve, entende e concorda.

- Professora, concordo com você e, analisando melhor, acho que essa minha indisciplina me prejudica na busca de outros objetivos.

- Com certeza, disciplina é uma qualidade que poucas pessoas têm e é um diferencial para que elas tenham sucesso.

- Engraçado, fessora, vim tirar uma dúvida, e acabamos mudando de assunto, mas valeu a pena.

- Na verdade, não mudamos tanto assim. Você não veio me perguntar sobre o Leonardo da Vinci?

Leo concorda com a cabeça.

- Pois ele tem tudo a ver com isso. Leonardo foi um gênio. Ele pintou o quadro mais famoso de todo planeta e ainda projetou máquinas que só conseguiram construir duzentos anos depois. Ele tem tudo a ver com nosso assunto e com você também, pois alguns o consideravam indisciplinado, pois abandonou vários projetos e demorou muito tempo para concretizar outros. Isso pode ser justificado pela grande quantidade de ideias e projetos que ele desenvolvia simultaneamente. Entretanto, também podemos enxergá-lo como um grande realizador, pois, quando tinham um problema novo para resolver, os chefes de Estado o convocavam. Ele tinha uma enorme habilidade para racionalizar[62] as questões e construir planos para resolver os problemas. Acho que essa era uma de suas maiores qualidades.

Trinnnnn!

O sinal toca no exato momento em que a professora terminou a frase.

- Fessora, muito obrigado, valeu mesmo, estou te devendo uma. Gostei de saber um pouco mais sobre o meu xará e pesquisarei mais sobre ele.

- De nada, Leo. Pode me procurar sempre que precisar.

Ele se levanta, cumprimenta os demais mestres à distância e caminha para a porta.

- Leo!

A professora o chama quando ele abre a porta. Ele se vira e ela fala:

- Se quiser pagar a dívida prestando atenção à aula TODA, eu agradeço.

Leo acha graça e responde:

- Pode deixar, professora. Vou tentar.

---

[62] Racionalizar: analisar utilizando a razão

- Lembre-se do que conversamos, não basta vontade e inteligência, temos que ter organização e disciplina. Tchau!

Leo concorda levemente com a cabeça e sai da sala. O professor de Geografia comenta com a colega de História:

- Você orienta esse menino há muito tempo?
- Por quê? – ela não entende o objetivo da pergunta.
- Você é a responsável pelo milagre que aconteceu com ele?

A professora solta um breve sorriso, antes de responder.

- Os milagres não estão do lado de fora, mas dentro de nós. A nossa alma é o maior dos milagres. Acho que ele simplesmente encontrou a dele.

\* \* \*

# CAPÍTULO 22

Sid pega seu *cheeseburger* na cantina e, quando se vira, quase deixa todo seu lanche cair no chão:
- Aiii!
- Sid, posso falar com você? – Teresa se aproxima e parece decidida.
- Que susto, garota!
- Foi mal. Não foi intencional.

Depois, do breve diálogo, os dois ficam em silêncio, com Teresa encarando Sid, a espera de sua resposta.
- E aí? – ela pergunta.
- Não sei... – ele parece indeciso – o que você quer?
- Te dizer, primeiro, que você tem que querer conversar comigo e me ouvir. Não ouvi sua resposta ainda – Teresa pressiona o amigo, enquanto observa sua cara de medo. – Acho que você está com um problema e quero te ajudar.
- Problema? Não tenho problema nenhum! – o garoto se revolta e responde elevando o tom de sua voz.
- Olha aqui, Sidarta! Já te falei um milhão de vezes que exijo respeito! Não grite comigo! – quando Teresa estava chateada, chamava o amigo pelo primeiro nome inteiro – Já vi que não adianta conversar com você. Vou embora!

Teresa se vira e começa a abandonar a conversa. Sid sente um certo alívio, pois ainda não está habilitado[63] para conversar com ela sobre seus sentimentos. Porém, quando olha mais adiante na mesma direção de Teresa, encontra seu concorrente, esperando-a sair da conversa. Então, Sid, rapidamente, se lembra do dia anterior, da frustração de vê-la com Juan e se enche de coragem.
- Quer saber o meu problema, Tetê? – ele provoca a garota que já está à meia distância.

Ela se vira, mas com uma aparência irritada.
- Meu problema é você!

As palavras são duras, mas a voz é doce. Mesmo assim, Teresa não percebe o que realmente Sid quis dizer.
- Sid, chega! Não fale mais comigo!
- Você não entendeu o que eu disse. Estou triste por sua causa.

Apesar de o pátio estar cheio de alunos, a confusão do intervalo impede que

---

63 Habilitado: capacitado, preparado

outros colegas acompanhem a discussão, e ninguém percebe quando Sid se aproxima de Teresa, que responde:
- Como assim? Não estou entendendo.

A menina já não demonstra irritação, pois agora está buscando compreender o que fez para entristecer um de seus melhores amigos. O garoto, agora com o rosto bem próximo de sua amiga-amada, tem vontade de tocar o seu rosto e dar-lhe um beijo, mas está com as mãos ocupadas com o refrigerante e o *cheeseburger*. Dessa forma, se limita a olhar bem no fundo dos belos olhos castanhos de Teresa.
- Sid, o que houve? Você está me olhando de uma forma estranha.
- Eu gosto de você, Tetê.

Ela se esforça para não entender o que ele quer dizer e se limita a responder, com medo e insegurança:
- Eu também gosto de você.
- Eu sempre gostei de você, mas agora eu gosto de uma forma diferente... – ele insiste.

Teresa está cada vez mais surpresa e assustada.
- De que forma?
- Eu amo você.

Teresa fica muda, paralisada e sua feição quer dizer: "O QUÊ?!" Sid prossegue:
- Você não consegue perceber? Eu te amo e estou super bolado porque você só quer saber daquele "pela-saco" – apontando com o queixo para a direção atrás dela.

Teresa se vira para o sentido que Sid apontou e encontra Juan, que agora está de costas, conversando com outros colegas da turma. A ficha cai. Sabe que está paquerando Juan e que é recíproco. Se Sid está triste por isso, seu sentimento é verdadeiro, não pode ser uma invenção. A ficha bate no fundo de sua mente e causa desespero, ela leva as mãos ao rosto, cobrindo sua boca e nariz, e soluça. Sem respostas, vira as costas para Sid e sai em disparada, passa pelo grupo onde está Juan e some no meio da multidão de alunos. Juan, que viu a abordagem e depois a corrida de Teresa, vira seu rosto e encara Sid, não demonstrando raiva, mas como se perguntasse: "o que você fez?"

Sid fica parado no meio do pátio por um tempinho. Depois, o fato de segurar a bebida e o sanduíche o incomoda, mas não está com fome e oferece o lanche completo a um aluno menor desconhecido.

O sinal toca e todos começam a subir as escadas. Sid não quer voltar para sala. Depois da declaração que fez, não tem condição de ficar frente a frente com Teresa.

Ainda não sabe como ela responderá a tudo isso. Ele sonha que ela se declare de volta, mas sem muitas esperanças. Suas reações de espanto foram sinais ruins, e ele não quer ficar alimentando o sentimento para se decepcionar ainda mais. Decide, então, ir até a secretaria, fingir uma dor de cabeça e pedir para ser liberado para casa. Avisa o inspetor Milton de sua situação e caminha até a secretaria. Não gosta de mentir para ninguém, ainda mais para sua mãe, mas será uma semimentira, já que está realmente com muita dor, só não é na cabeça, mas no coração.

* * *

# CAPÍTULO 23

Leo chega a sua casa e tenta pela décima vez ligar para Sid. Seu melhor amigo saiu da escola mais cedo e nem falou com ele. Sem saber o motivo, ele naturalmente ficou preocupado.

- Vamos lá, Sid. Atenda! – fala sozinho, em seu quarto, enquanto disca em seu celular.

Mais uma vez, Sid não atende o telefone. Leo tem outra ideia.

- *Como ele saiu mais cedo da escola, com certeza, já está online.* – analisa e liga o computador rapidamente.

A internet é acessada automaticamente, e Leo entra no *chat*, mas, para sua decepção, não encontra seu melhor amigo.

- Que droga! – fala sozinho, no momento que a porta se abre.

- *Hello*, Leo!

- Oi, tio, desculpe pela falta de educação. Passei pela sala correndo, quando cheguei, vi que você e papai estavam almoçando, mas nem falei direito. Foi mal!

- *No problem*. Posso entrar? – indicando para dentro do quarto.

- Pode. Lógico.

Alexandre entra e senta na cama de Leo, próximo à cadeira em frente à tela do computador, onde Leo está sentado.

- Você pareceu estar com algum problema sério.

- Na verdade, não sou eu. Meu amigo, Sid, saiu da escola hoje depois do intervalo e nem falou comigo. Estou tentando falar com ele e nada. Estou um pouco preocupado, só isso.

- Fique tranquilo, notícias ruins correm rápido. Se você não sabe de nada, ele está bem. Vai ver que está dormindo ou, por qualquer outro motivo, não pode falar.

- É, você tem razão. Ele pode ter passado mal e agora estar descansando na sua casa, enquanto eu fico aqui tentando perturbá-lo.

Nesse instante, um alerta sonoro soa da página do computador, avisando que alguém chama Leo para um bate-papo. Alexandre está de frente para a tela e consegue ler primeiro:

- Leodavinci? O que é isso, Leo?

Leo não acredita. Só uma pessoa fica trocando o seu nome. Ele se vira para a tela e inicia uma conversa *online* para confirmar sua suposição.

- Helena? É você?
- Você conhece outra Helena de Troia? – Helena faz alusão64 ao seu nick.
- Não. Eu não.

O tio pergunta:
- Essa é a Helena que você tanto fala?
- Sim.
- Adicionei seu nick. Tem problema? – ela pergunta.
- Não. Tudo bem.
- Você sempre tem respostas criativas? – Helena sacaneia Leo, que só fica respondendo, sem acrescentar nenhuma outra ideia
- Rsrsrsrsrsr

Leo levanta o dedo indicador da mão direita para teclar algo, mas a ironia de Helena mexe com ele, que fica na dúvida sobre o que escrever.
- Vai, garoto, responde alguma coisa. – o tio incentiva.
- Responder o quê?
- Algo engraçado. As mulheres gostam de homens divertidos.

Mais um tempo com os dedos acima do teclado e finalmente Leo tem uma ideia.
- Na verdade não sou muito criativo mesmo, eu fiquei reprovado nessa matéria na escola.

Alexandre faz o sinal de positivo com a mão direita, aprovando a resposta de Leo.
- Ah, tá, mas em História você sempre passou, nao é? Participou para caramba, hoje na aula.
- De História eu gosto. Aliás, como eu fiquei reprovado em criatividade, você não poderia me chamar de Leo da Vinci. Ele foi uma das pessoas mais criativas de todos os tempos.
- Agora vai ficar me dando aula. Quer me impressionar?
- Estou conseguindo?

Leo é ousado, e o tio, que vai dando dicas, gosta da iniciativa.
- Mais ou menos. Não gosto de meninos exibidos.

Alexandre gesticula para que Leo continue sua investida.
- E de que tipo de menino você gosta?
- Rsrsrsrsrrs... Por que pergunta?
- Estamos só conversando.

---
64 Alusão: menção, referência

Alexandre dá um tapa de leva na nuca de Leo e diz: "Continue insistindo, seu bobo!"

- Como estamos só conversando, não preciso responder – Helena tenta escapar.

- Precisa sim. Por que você não quer responder? Está com medo? – Leo insiste.

- Não adianta me pilhar.

- Não é pilha. Se você responder, eu digo qual tipo de menina eu gosto?

Alexandre: "Boa!"

- Quem disse que eu quero saber? – Helena finge não estar curiosa.

- Você quer saber. – afirma Leo, com confiança.

- Por quê?

- Porque você é mulher, e as mulheres são curiosas.

Agora, é a vez de Helena ficar um tempo sem teclar, e Leo se aproveita.

- Helena, você também foi reprovada na aula de criatividade? Rsrsrsrsrsrsrrs

- Pode aproveitar, Leopilheiro. Pode me zoar.

Leo tem outra ideia, enquanto abre outra página na *net*, enrola Helena e resolve arriscar:

- Então, vou deixar de te zoar e passar a te ajudar. Posso te fazer uma proposta?

- Não sei. Que tipo de proposta? – Helena demonstra finalmente curiosidade.

- Posso ou não posso fazer? O máximo que pode acontecer é você não aceitar – Leo tenta ganhar tempo, enquanto mexe na outra página.

- Tudo bem.

- Se eu acertar o tipo de menino de que gosta, você aceita meu convite e vamos ao cinema, na sexta?

Leo arrisca, e, depois de um tempo, Helena concorda:

- Tudo bem.

- Você gosta de loiros de olhos verdes, sarado, mas sem ser bombadão. Intelectual e divertido. E aí? É suficiente?

- Como você sabe disso tudo?

- Ah, Lena, isso você só vai saber no sábado.

- Tudo bem. Mas sexta eu não posso, porque é "niver" da minha avó.

Leo pensa: *"Por isso que tomei o veto ontem!"*
- E sábado? - ele não desiste.
- Sábado dá. Depois me liga para combinarmos. Agora vou almoçar. Kisses!
- Tchau! Um beijo!
- Toca aqui, moleque! - fala Alexandre estendendo a mão para cumprimentar o sobrinho.
- Eu que tenho que te agradecer, tio. Você sempre me estimulou e agora eu, finalmente, vou sair com a Helena.
- Como foi que você teve essa ideia de entrar no *Orkut* dela?
- Eu me inspirei no meu xará, Leonardo da Vinci. Ele foi um cara muito inteligente e inovador. Hoje tive aula sobre ele na escola.
- É mesmo? Chocante! Daqui a pouco, seu padrinho, Fernando, irá chegar e teremos uma reunião. Estamos sempre precisando de ideias novas. Você poderia participar e falar um pouco sobre o Leonardo da Vinci.
- Seria um prazer, tio. Vou almoçar e depois pesquisarei um pouco mais na *net*.
- Tudo bem. Nos vemos daqui a pouco.
- Valeu, tio.

Alexandre se levanta da cama e sai do quarto. Leo fica tão feliz com o convite que se esquece até da fome. Ansioso, entra no principal *site* de busca e digita o nome de seu xará mais famoso de todos os tempos.

## LEONARDO DA VINCI O GÊNIO RENASCENTISTA

Nasceu na cidade de Vinci, próxima a Florença na Itália, em 15 de abril de 1452. Considerado uma das mentes mais brilhantes de todos os tempos, filosofia, anatomia, engenharia e matemática. Alguns historiadores o consideram o "típico homem renascentista", pois atuava em diversas áreas do conhecimento.

O jovem Leonardo era um menino muito inquieto e curioso. Desde pequeno, ele carregava um pequeno caderno onde anotava suas ideias e observações. Carregou esse hábito durante toda a vida, sendo considerado a "mente mais insaciável e curiosa de todos os tempos". Suas anotações só começaram em várias obras e invenções. Além de observar, ele era muito crítico. Filosofou sobre questões envolvendo a Igreja Católica:

*"Falam demais e cobram caro demais. Ficam fazendo corpo mole nos palácios e dizem que é porque Deus quer. Pior ainda, enganam os pobres fazendo-os aceitar a vidaa pavorosa que têm aqui na terra em troca da promessa de que um dia vão para o Paraíso, onde serão felizes para sempre".*

Uma das características mais marcantes de Leonardo era sua capacidade de construir planos e solucionar problemas. Estudou anatomia e criou engenhocas para que pudesse pintar e esculpir melhor. Em mais de uma vez, sua cidade estava em perigo, e ele apresentou soluções não foram aplicadas, pois estavam séculos à frente do seu tempo. Era um cientista e fazia questão de provar matematicamentea validade de suas ideias.

Durante boa parte de sua vida, Leonardo viveu sob a proteção de duques florentinos ou milaneses, mas passou seus últimos dias na França, sob o teto do Rei Francisco I, quando pintou o quadro mais famoso da história, *A Monalisa*.

Como não podia deixar de ser, Leonardo valoriza o conhecimento. Em seus cadernos, encontra-se a citação:

*"Não busques a riqueza que se pode perder; a virtude é a verdadeira riqueza, e a verdadeira recompensa de seu possuidor".*

\* \* \*

# CAPÍTULO 24

Fernando chega meia hora atrasado. Carlos e Xandão já trocavam algumas ideias sobre o negócio.
- Sobre o que vocês estão conversando? – pergunta o atrasado.
- Algumas ideias novas que o Xandão teve essa semana – responde Carlos. – Você quer ouvir?
- Depende. Elas são sobre o quê, exatamente?
- São outros diferenciais que criei.
- Não, hoje não. Não sei se vocês perceberam, mas até agora não demonstramos ser um grupo complementar – Fernando argumenta com segurança, enquanto os outros olham com cara de que não entenderam.

Fernando prossegue:
- Vou explicar. Para sermos bem-sucedidos como empresários e sócios, não basta termos talento, devemos ter talentos complementares e nos preocuparmos com isso. Estou receoso de não estarmos conseguindo cobrir todas as necessidades de uma empresa.
- Que papo é esse, Fernando! O pessimista aqui sou eu! – sinaliza Carlos, demonstrando preocupação.
- Explique-se melhor, Fernando – requisita Alexandre.
- Veja... construímos o Plano de Negócios, certo?

Os outros sócios concordam com a cabeça, e Fernando prossegue:
- Já definimos a Matriz de Ordem Superior, com missão, visão e valores. Depois, ficamos um bom tempo falando do Planejamento Estratégico, envolvendo descrição dos serviços prestados, análise de mercado e diferenciais competitivos do nosso negócio...

Fernando interrompe sua explanação como se estivesse pensando em como continuar. Carlos sinaliza:
- E qual o problema? Desculpe, mas não estou vendo. Fizemos um ótimo mapeamento do mercado com todos os *players*[65] e definimos os nossos diferenciais. Acho que estamos no caminho certo.
- Sim. Não penso diferente. Entretanto, nosso planejamento não deve parar por aí. Tenho dúvidas se vocês estão preocupados com o restante. Por exemplo, qual é nosso próximo passo? – Fernando joga a pergunta para os outros dois.

---

65 *Players:* concorrentes, participantes do mercado

Carlos e Alexandre ficam em silêncio. Carlos parece ter a resposta na ponta da língua, mas nada fala. Alexandre, mais sensível, entende o que Fernando quer dizer.

- Fernando, acho que compreendi. Você acha que não devemos ficar presos somente na descrição do produto? Acha que estamos focados somente na satisfação do cliente?

Fernando confirma, balançando sua cabeça.

- Mas a satisfação do cliente não é o mais importante? – Alexandre pergunta sem entender.

- Lógico que sim. Porém, nenhuma empresa sobrevive se se preocupar somente com a satisfação do cliente. Existem outras questões que não podem ser esquecidas. O que fizemos até aqui foi fantástico, mas não é tudo. Gostaria que vocês pensassem sobre isso, e, aproveitando, eu trouxe um esboço do Plano Operacional.

- O que tem no Plano Operacional, Fernando? – Alexandre pergunta.

- É um resumo de como irá funcionar a operação do negócio e, no nosso caso específico, no cotidiano. Algumas questões estruturais como: quantos funcionários? Qual a formação requisitada para cada cargo? Política de recursos humanos? Divisão das funções entre nós, diretores?

- Pensando melhor, acho que você tem razão – Carlos concorda com Fernando. – Realmente para que tenhamos sucesso, é fundamental termos uma boa organização, ou seja, planejarmos formalmente nossas propostas.

- Esse documento não está fechado, é uma proposta. Seria interessante que nós lêssemos agora com cuidado, analisando item por item para aprovarmos o plano.

Carlos e Alexandre concordam com a proposta de Fernando, e o trio inicia a análise. Fernando lê cada item do plano, enquanto Carlos e Alexandre acompanham. Em vários momentos, eles param a leitura e fazem retificações[66]. Alexandre, que possui menos experiência com esse tipo de documento, faz as suas perguntas e contribui com suas ideias ousadas. Fernando, que no momento lidera o grupo, elogia o senso crítico de Carlos, mas condena a falta de foco de Alexandre:

- Xandão, guarde suas sugestões para outro momento. Tem hora para tudo. Agora, temos que nos preocupar em fazer o negócio existir com as excelentes ideias que tivemos. Eu também quero melhorar nosso serviço, mas, se quisermos fazer isso em todos os momentos, acabaremos sem fazer nada.

O trio passou quase duas horas discutindo cada detalhe do plano. Já quase no final, Leo sai de seu quarto e, caminhando pela sala, ouve os três homens conversando e resolve dar um oi.

---

66 Retificações: correções

Capítulo 24 • **125**

- E aí, pai? Padrinho?
- Tudo bem, filho?
- Como está, Leo? – pergunta Fernando.
- Estou bem. O que vocês estão fazendo?
- Estamos discutindo o Plano Operacional de nossa escola profissionalizante – Carlos responde enquanto estica o plano para que Leo possa dar uma conferida.
- Legal! – Leo se assusta quando olha o documento – Caramba! Tanta coisa para fazer!
- Está achando que é mole ser empresário? – pergunta o padrinho.
- Não achava que era mole, mas não imaginava que era tão difícil – Leo se senta para poder analisar melhor o plano. – Mudando de assunto, vocês já decidiram o nome?

Todos se entreolham e soltam uma sonora gargalhada.

- Estamos com um documento recheado de planos de ação, com inúmeros detalhes sobre a operação e ainda não decidimos o nome???? – ironiza Alexandre.
- Que tal: "Cursos Profissionalizantes da Família Gantes" – Leo sugere.
- Caramba, filho, que nome legal! Você tem aula de criatividade na escola? – Carlos ironiza, enquanto Alexandre e Leo caem na gargalhada.
- Pior que ele teve! Por falar nisso, Leo, dá uma "palhinha" para a gente sobre seu xará.
- Quem? – pergunta Carlos, curioso.
- Eu tive hoje uma aula sobre Renascimento e falamos sobre o Leonardo da Vinci.
- Que interessante! Você sabia, filho, que sua mãe é apaixonada pela Monalisa?
- Não.
- O sonho dela sempre foi ser uma pintora e adora esse quadro. Inclusive, seu nome foi ela que escolheu, em homenagem ao grande pintor.

Leo fica com uma cara que denota[67] enorme felicidade. Criou uma identificação com Da Vinci, quando conheceu sua vida e suas obras, e agora descobre que seu nome não é ao acaso, mas uma homenagem àquele grande homem.

- Poxa, pai, por que você nunca me contou?
- Seria engraçado chegar para você com cinco anos e explicar quem foi Da Vinci e o porquê do seu nome.
- Lógico que com cinco anos não, né!
- Então, esperamos que você conhecesse o pintor para te explicar. Não foi hoje que você o estudou?

---

[67] Denota: designa, demonstra

Leo entende o argumento de seu pai e para de complicar a situação.

- Eu fico feliz de você admirá-lo. Já pensou se você descobre que seu nome é uma homenagem a alguém que detesta? Fale um pouco sobre o que você aprendeu sobre ele.

Leo era tímido, mas, com o passar do tempo, começava a se soltar mais e demonstrar satisfação em conversar, especialmente explicar assuntos que dominava.

- Bem, em primeiro lugar ele não foi só um pintor, mas também escultor, inventor e engenheiro.

- Isso tudo? – pergunta Fernando.

Leo gesticula "sim" com a cabeça e prossegue sua explanação sobre Da Vinci, deixando o mais relevante para o final:

- ... o mais importante que podemos aprender com Leo da Vinci é o poder das ideias. Diversas vezes ao longo de sua vida, ele encarou ou trouxeram para ele algum desafio. Quando isso acontecia, ele analisava a situação e criava algum plano para solucionar aquele problema. E os desafios eram em diversas áreas, arte, urbanização e até relativo a guerras.

- Não sabia que ele foi tão inteligente. Sua mãe ficará ainda mais feliz, sabendo que você gosta do "original".

De repente, Alexandre salta de sua cadeira.

- Que susto, pô! – reclama Carlos.

- O que foi, Xandão? – pergunta Fernando.

- Tive uma ideia.

- Você quer dizer mais uma, não é? – ironiza Carlos.

- Não. É sério. Foi muito bom ouvir o Leo, porque o espírito do Da Vinci tem tudo a ver com o que queremos implementar no nosso curso. Ele era criativo, tinha iniciativa, solucionava problemas e tinha múltiplas habilidades. Vamos chamar nosso curso de: "A Escola Da Vinci"!

\* \* \*

# CAPÍTULO 25

Empolgado com o resultado da reunião de seu pai e da recém-fundada Escola Da Vinci, Leo volta para seu quarto e vai direto para o computador, pois precisa contar tudo para Sid.

- *Ihhhh! Esqueci que o Sid está sumido* – ele se lembra.

Apesar de desanimado, resolve fazer mais uma tentativa de encontrar seu amigo no mundo virtual. Nada! Estranhamente, ele também não encontra Teresa.

- *A essa hora, nenhum dos dois está on?* – pensa.

Leo resolve pegar sua carteira, seu celular e caminhar dois quarteirões até a casa de Sid. Não gosta de sair de casa à tarde, quando normalmente está dormindo ou no computador, mas tem três ótimos motivos: saber a situação do amigo, contar sobre Helena e falar sobre a empresa de seu pai, não necessariamente nesta ordem de importância.

\* \* \*

Chegando à frente da porta do apartamento de Sid, Leo toca a campainha, o que não é normal, pois o porteiro já avisou que ele estava subindo e o amigo costuma deixar a porta aberta. Ninguém atende, e Leo resolve tocar novamente, quando a porta se abre lentamente.

- Sid, parceiro, que isso??? Que cara é essa???

Leo nunca tinha visto seu amigo naquele estado. Seu rosto estava tão inchado que parecia que ele tinha chorado o rio Amazonas em lágrimas.

- Entraí – Sid convida.
- O que houve?

Sid não responde e caminha para seu quarto em silêncio. Leo, percebendo que algo sério aconteceu, não repete a pergunta, e o acompanha até o quarto. Chegando lá, o garoto se deita em sua cama, vira-se de lado e se cobre. Leo pensa: "não está frio", mas não fala nada. Resolve repetir a pergunta:

- O que você tem, parceiro?

Sid vira seu rosto para o teto, coloca suas mãos sob a cabeça e continua a ignorar o amigo. A essa altura, Leo já imagina que só atingirá o primeiro objetivo da visita, com seu amigo naquela situação, ele não ficará falando de sua vida. Depois de mais algum tempo, que exigiu paciência e compreensão do amigo, Sid rompe o silêncio:

- Contei tudo para ela.
Leo leva a mão direita à testa.
- Caaaara, e aí?
Sid vira seu rosto para o amigo lentamente e responde:
- Olha o meu estado. O que você acha?
O que dizer em uma hora dessas? Leo não sabe, então permanece quieto.
- Ela ficou surpresa e saiu correndo.
Leo fica sem entender. Pelo estado de Sid, pensou que ele tivesse levado um fora.
- E por que você está assim? O que esperava?
A fala de Leo surpreende e consegue a atenção de Sid, que se vira na direção do amigo, que continua a expor sua opinião:
- Você é amigo dela há um tempão, aí vira um dia e fala: "Tetê, eu te amo!" Como você reagiria no lugar dela?
Nada melhor do que ouvir uma pessoa amiga, quando estamos sem saber o que fazer. Muitas vezes, ela apresenta um outro ponto de vista e o problema desaparece. Sid olha para Leo como se dissesse: "não havia pensado dessa maneira".
- Ela te deu um fora? Não. Então, por que você está assim? Bola para frente.
Sid se anima um pouquinho. Sai de baixo do cobertor e se senta na cama. Seu olhar começa a ficar um pouco melhor por trás de todo aquele inchaço. Leo continua em sua campanha motivacional:
- Sid, você "mandou assim na lata"?
- Sim.
- Você não conhece aquela história do "gato subiu no telhado"?
Sid dá até uma risadinha. Leo analisa a situação e consegue ver um paralelo entre a situação vivida por seu amigo e o debate na reunião do negócio de seu pai, que acabou de presenciar.
- Sid, posso te dar um conselho?
Sid concorda com a cabeça.
- Não quero parecer um sabichão, até porque não sou, mas acho que tenho algo para te dizer e ajudá-lo nesse momento. A reação da Tetê é até natural mediante a situação. Você não podia ter falado assim com ela, no pátio, de forma <u>repentina</u>

[68]e na frente da maior galera. Deveria ter preparado uma situação. Quando temos um objetivo, nem sempre iniciativa e uma boa oportunidade resolvem. Às vezes, precisamos:

### Construir um plano concreto

- Como assim?
- Eu vim da minha casa, e meu pai e seus sócios traçavam um enorme Plano Operacional para concretizar o funcionamento do negócio deles. É óbvio que sua situação com a Teresa é muito diferente, mas você podia ter planejado algo para diminuir o impacto da notícia.
- Por exemplo?
- Por exemplo, quando ela te procurou, você poderia tê-la chamado para um lugar mais reservado. Poderia ter conversado aqui na sua casa ou na dela. Poderia ter se preparado melhor. Isso é planejar e colabora para um resultado melhor.
- Você fez isso com a Helena?
- Fiz, sim.
- Fez mesmo? E aí?

Leo conta toda a conversa que teve via *chat* com Helena. Ele conhece seu amigo como ninguém e sabe do tamanho de seu coração. Mesmo assim, se surpreende com a felicidade depois que contou toda história. É difícil ficarmos felizes com o sucesso de outras pessoas, quando estamos por baixo.

- Leo, que maneiro, hein! O que vocês vão fazer no sábado?
- Vamos ao cinema.
- Ver que filme?
- Não sei ainda. Tenho que conferir a programação.
- É melhor você se planejar.
- Com certeza.

Sid fica um pouco cabisbaixo, e Leo tenta animá-lo.

- Não fique assim, parceiro. Chegará a sua hora. Quer dizer, de você e a Tetê.
- Estou feliz por você.
- Valeu!

Os amigos se abraçam, e Leo se lembra do outro motivo da visita.

---

68 Repentina: imprevista

- Tenho que te contar outra parada.
- Qual é?
- Já ouviu falar da "Escola Da Vinci".
- Não. É uma escola de pintura?
- Você é um animal, hein! Da Vinci não foi só pintor, seu Zé.

Leo inicia a narração da parte que ouviu da reunião e conta mais detalhes sobre o negócio. Sid ouve atentamente. A conversa o ajuda a esquecer a pequena frustração que sofreu de manhã.

\* \* \*

# CAPÍTULO 26

Sexta-feira, oito horas da noite. A semana demorou a terminar para Leo. Os dias pareciam ter trinta horas, e o sábado não chegava nunca. Essa noite promete ser a mais longa de sua vida. Deitado em sua cama, ele rabisca um plano em um papel, e a televisão exibe um jogo de futebol de pouca importância entre times desconhecidos, quando sua mãe entra no quarto.

- Leonardo, tudo bem?
- Tudo, mãe. – ele responde, mas continua concentrado em suas anotações.

Joana entra no quarto e senta na cama perto de seu filho.

- O que você está fazendo?

Leo para por um momento, na dúvida se deve responder corretamente à pergunta ou inventar uma história. Olhando mais uma vez para o papel, responde com outro questionamento:

- Mãe, posso te fazer uma pergunta?
- Claro, filho.

Leo se levanta de sua cama, caminha até o armário e retira duas camisas. Segurando uma com cada mão, pergunta a Joana:

- Qual você acha que fica melhor em mim?

Joana fica um tanto quanto surpresa e feliz de ser consultada, por seu filho sobre alguma coisa e que, ainda por cima, parece ser importante para ele. Ela tem vontade de perguntar o porquê, mas sabe que quebrará o clima com Leo.

- Eu prefiro a verde.
- Legal, eu também gosto mais da verde. – Leo concorda e depois guarda as duas camisas no armário.

Joana fica olhando seu filho como se implorasse que ele contasse o motivo. Leo entende e resolve "dar uma moral para sua mãe".

- Às vezes, tenho dificuldade de escolher minhas roupas, e uma opinião feminina é fundamental.

Joana não se contém:

- Por que está tão preocupado com sua roupa? Você não disse que sairia hoje?
- Vai ser amanhã.
- Posso te perguntar o que você vai fazer?
- Você já perguntou, né, mãe?
- Então, vou mudar a pergunta. Você pode responder?

Leo pensa por um tempinho e, como sua relação com sua mãe anda tão maneira, responde:
- Vou sair com uma garota.
Joana faz uma cara de espanto e consegue quebrar o clima positivo.
- Que espanto é esse, mãe!
- Filho, que legal. Está precisando de alguma ajuda?
Leo pensa:
- *Que ajuda ela poderia dar, além de opinar sobre minha camisa? Se eu perguntar que filme, ela provavelmente indicará Ghost, de tão por fora que está!*
- Que papel é esse que você estava escrevendo antes que eu entrasse no quarto?
– Joana se estica e chega a pegar o papel.
- Mãe, me dê isso aqui. Não é para você ficar olhando.
- Parece uma tabela.
- Mãe, valeu pela ajuda. Obrigado, mas agora você pode me dar licença?
- Posso, sim, filho, mas com uma condição.
- Qual é?
- Amanhã, quando você voltar, vai me contar tudo, com detalhes.
Leo acha engraçado e entende a curiosidade de Joana. Afinal, mãe é mãe.
- Tudo bem, mãe. Combinado.
Joana se retira e deixa Leo com seus pensamentos e sua tabela misteriosa. As anotações deveriam ser importantes, pois consumiram toda a noite do garoto.

* * *

# Capítulo 27

Sábado. Leo marcou as quatro com Helena, na porta do cinema, vinte minutos antes de começar a sessão. Ele saiu de casa duas horas antes, apesar de morar relativamente perto do *shopping*. Sua casa estava cheia com seu pai e seus sócios, além de obviamente sua mãe. Todos perguntaram por que ele estava saindo tão cedo e ele respondeu que precisava fazer algumas preparações. Ninguém entendeu nada. Antes de sair, conversou com seu tio e pediu a opinião sobre um assunto.

Faltando cinco minutos para o horário marcado, Leo chegou à porta do cinema e ainda esperou cerca de quinze minutos até a chegada de Helena, que se atrasou um pouco. Ela estava linda. Leo não só tinha se apaixonado pela sua beleza loira, mas também pelo seu estilo despojado[69], diferente das outras meninas, que se "emperequetavam" para ir à padaria. Não que ela fosse largada e se vestisse de qualquer maneira, mas optou por roupas casuais sempre que se encontraram fora da escola. Ela estava usando uma calça jeans clara, uma blusa básica branquinha e um tênis simples com tons de rosa. Ao chegar, ela manteve sua prática de sacanear o Leo:

- Olá, Leosato!
- Oi, Lena.

Os dois se cumprimentam com beijinhos no rosto.

- Gostei da sua roupa – Helena elogia.

Leo nunca viu Helena em uma atitude fútil de comentar a roupa de outras pessoas, mas nesse caso era inevitável, uma vez que ele se vestia muito parecido com ela.

- Gostou mesmo? – ele pergunta.
- Adorei essa camisa verde clara.
- Legal.
- Que filme vamos ver mesmo, hein? – Helena pergunta, demonstrando ser um pouco desligada, já que eles combinaram o horário de acordo com o filme escolhido na véspera.
- *Entre dois amores*. É um romance.
- Então, vamos comprar nossos ingressos.
- Não precisa. Podemos entrar, eu já comprei.

Helena solta um leve sorriso. Considera gentil a atitude de Leo de comprar os ingressos antecipadamente para os dois.

---

[69] Despojado: sem posses, simplório

- Então, vamos – ela o acompanha.

Os dois caminham para a sala onde será exibido o filme, e Leo fica mais confiante, depois do início do encontro. Até aqui tudo bem. A dupla consegue um bom lugar no final da sala, e Helena puxa papo:

- Eu quase não venho a esse *shopping*.
- Eu também.
- Por que você marcou aqui comigo, então?

Pergunta difícil. Se Leo respondesse a verdade: "porque o *shopping* é mais vazio, e ninguém atrapalhará os meus planos", daria muito mole para Helena e ficaria exposto; qualquer outra resposta seria mentira, e isso ele não queria fazer. Para sua sorte, as luzes se apagam completamente, e a tela se acende.

- Depois eu te explico, vai começar o filme.

Leo leu a sinopse[70] de todos os doze filmes em cartaz para escolher o que fosse mais apropriado para seus objetivos. Depois de várias propagandas e uma série de *trailers*, o filme começa e Leo poderia narrá-lo, pois já conhecia toda a história, que se resumia a um triângulo amoroso, repleto de cenas românticas, ideais para um clima de namoro. O garoto ficou com vontade de pegar na mão de Helena, mas ela manteve o tempo todo seu braço sobre a sua coxa, e ele achou que seria arriscado, pois ela poderia não gostar e quebraria o clima.

No final do filme, a protagonista feminina decide ficar com o homem rico que é mais decidido, abandonando o seu namorado de infância mais pobre, quebrando todas as expectativas da plateia. Pelo menos, gerou assunto para depois do filme.

As luzes se acendem e, enquanto caminham para fora da sala, Helena comenta:

- Não gostei.
- Não gostou do filme?
- Não gostei do final.
- Por quê? – a resposta era óbvia, mas Leo queria desenvolver a conversa.
- Ora, porque ela abandonou seu namorado, que a acompanhou a vida inteira e foi casar com o outro. Não achei certo.

Leo, além de desenvolver um pensamento crítico, junto com Fred no ano anterior, já sabia o final do filme e tinha se preparado para debatê-lo.

- Eu acho que ela optou pelo homem que tinha mais personalidade. O outro, apesar de estar tanto tempo com ela, era o maior Zé Mané, não fazia nada para melhorar de vida e nem dava tanta atenção para ela.

Helena faz cara de "estou-pensando" e depois fala:

---

70 Sinopse: síntese, resumo

- Analisando dessa maneira, você tem razão, mas ela poderia ter insistido mais com ele.
- Poxa, Lena, ela chegou a dizer isso para ele. O que mais ela poderia fazer?
- É... tudo bem.

Os dois já estavam no corredor principal do *shopping*, e Helena pede licença para ir ao banheiro. Leo está muito apertado, mas mesmo assim aproveita a saída momentânea de Helena para sair em disparada no meio do corredor, atraindo a atenção de todos.

Helena não se demora no banheiro e, quando sai, encontra Leo no mesmo lugar onde estava antes de sair, mas segurando algo em suas mãos.

- Lena, toma. Comprei um *milkshake* de morango para você.

Ela fica um pouco surpresa, pois nem estava com sede, mas aceitou e agradeceu.

- Ahhh... obrigada. Você está suado?
- Não. É impressão sua – Leo responde enquanto seca o rosto com a manga de sua camisa. – Vamos jogar *Daytona*?

Leo convida Helena para jogar o simulador de corrida adorado pelos jovens. Ela parece tomar um susto, para de tomar seu *milkshake* e responde:

- Eu adoro jogar *Daytona*. Como você sabe?
- Sabendo, ué. Vamos?

Ela concorda com a cabeça. No caminho até a loja de *games*, a menina vai substituindo a alegria das surpresas por um certo medo.

- *Como ele pode saber que adoro milkshake de morango e jogar Daytona?* - ela pensa, enquanto olha Leo, que caminha confiante pelo *shopping*.

Helena começa a imaginar coisas estranhas sobre o menino que parece conhecê-la por completo. Entrando no fliperama, Leo passa direto pelo caixa.

- Leo, não vai comprar os créditos?
- Já comprei. Olha aqui.

Ele retira do bolso o cartão e complementa:

- Podemos jogar umas vinte vezes...
- *Vinte vezes?* – pensa Helena – *Acho que, se eu jogar vinte vezes seguidas, vou deixar de gostar e passar a ter trauma desse jogo.*

Os dois entram na fila. Leo olha para Helena, dá um leve sorriso e dá uma piscadinha de olho, ela solta o canudo da bebida e responde com um leve sorrisinho.

- Vamos, é a nossa vez. – ele convida.

Os dois se sentam no simulador e jogam uma primeira corrida. Já faz um tempo que Helena não joga e se diverte bastante. Enferrujada, perde a primeira corrida para Leo. Depois, ganha as duas próximas. Na quarta corrida, já não demonstra tanta empolgação e, ao final, comenta com Leo:

- Estou cansada. Vamos sair?

Leo concorda rapidamente.

- Vamos.

Os dois se levantam, e Helena parece incomodada com alguma coisa.

- O que foi, Lena?

- Estou sem graça, pois você comprou um monte de créditos e não usamos tudo.

- Ah, que isso? Besteira. Os créditos valem por um mês. Depois, eu vou com certeza usá-los.

- Mas você disse que quase não vem aqui.

Leo fica sem jeito de responder e desconversa:

- Mais ou menos. Não é que eu não venha. Eu não venho sempre.., assim... toda semana, sabe? Mas de vez em quando eu estou aqui. Vamos lanchar?

- Vamos – Helena concorda, mas está visivelmente desconfortável com a situação.

O casal chega, por volta das sete horas, à praça de alimentação.

- Sabia que estaria lotada. Esse problema eu não consegui resolver.

- O que você disse, Leo? – Helena pergunta, pois não ouviu direito o que Leo tinha dito.

- Nada, não. Vamos procurar um lugar.

Depois de rodarem por uns quinze minutos, os dois encontram uma mesa vazia. Leo pede que Helena se sente e diz que voltará logo logo com o lanche dos dois. Helena pergunta:

- Você não vai perguntar o que eu quero?

Leo responde com uma voz de quem tem certeza do que está falando:

- Ué, você vai querer o *doublecheeseburger* com bacon, não é? – Leo responde e sai de fininho.

Helena fica em estado de choque. Não por estar com vontade de comer esse sanduíche, mas pelo fato de ser seu preferido, e Leo saber disso. Ela imagina que está saindo com um garoto que tem poderes mediúnicos[71] ou que pagou um detetive particular para vasculhar sua vida e, impressionantemente, a primeira opção a assusta menos. Independente do motivo, ela não está feliz. Eles pouco conversaram, parecia que estava tudo planejado por Leo e que não cabiam mudanças ou suas vontades. É como se ela estivesse acorrentada, refém da situação.

---

71 Mediúnicos: paranormais

Leo demora um pouco na fila, mas consegue trazer o lanche dos dois. Um *doublecheeseburger* com bacon para ela e um sanduíche de atum para ele.

- Você gosta disso? – ela pergunta.
- Gosto – enquanto dá uma mordida sem empolgação.
- Eu acho maneira essas campanhas de conscientização ecológica. Meu pai é um ativista e vegetariano, mas eu não consigo ficar sem comer carne. Você é vegetariano?

O que responder? Poderia dizer sim e puxar o saco do sogro, mas seria mentira ou então...

- Me tornei esta semana.
- É mesmo? Acho legal quem consegue. Por que você decidiu isso?

Leo, nesse momento, percebe que poderia ter estudado um pouco mais sobre o assunto e dá uma resposta vaga.

- Acho que devemos preservar a vida no planeta.
- Interessante... – Helena aceita a resposta, mas acha muito estranho, como tudo em Leonardo até o momento.

Ele termina seu sanduíche, e Helena ainda está na metade. Quando ela termina, dá uma notícia ruim para ele:

- Leoatum, tenho que ir. Meu pai pediu que eu chegasse até as oito.
- Espera só a sobremesa. Vou comprar uma torta de limão ali – apontando para a melhor loja de doces do *shopping*.
- *A minha sobremesa preferida! Esse cara é doido!* – analisa Helena.
- Poxa, não vai dar. Tenho que ir mesmo. Fica para a próxima – ela coloca um ponto final no encontro.
- E quando vai ser?
- Não sei. Vamos combinar. – ela responde, sem demonstrar empolgação.

Helena se levanta, seguida por Leo.

- Vou te acompanhar até o ponto do ônibus.
- Não precisa, Leo, eu sei onde fica. Tchau! – e dá dois beijos nas bochechas de Leo.
- Tchau, Lena!

Ela sai e deixa Leo em pé à frente da mesa em que lancharam. Depois de uns dez metros se vira e dá um lindo sorriso para Leo. Ele a acompanha com olhar até perder de vista. Depois, senta-se na mesma cadeira, feliz com o sentimento de dever cumprido.

- Caramba, que maneiro! Deu quase tudo certo! Se eu tivesse arrumado a mesa para nos sentar mais rápido, teria até dado tempo para a sobremesa. Só a despedida que não funcionou como eu tinha pensado. – analisa sozinho em voz alta.

De repente se levanta e vai até a mesma lanchonete que comprou os sanduíches, vinte minutos antes. Chegando ao caixa, pede:

- Um x-tudo, por favor.

E reflete:

- *Como as pessoas sobrevivem sem comer um bife? Aquele sanduichinho de atum não mata a fome de uma formiga!*

---

**PARA PENSAR...**

1. Qual a importância do plano de Leo para conseguir convencer Helena a sair com ele?
2. Leo fica impressionado, depois de sua pesquisa, com a capacidade que Leonardo da Vinci tinha de construir planos para resolver problemas. Você considera, atualmente, esta habilidade importante? Por quê?
3. Fernando, na reunião de sócios, exige que o grupo fique atento ao planejamento. Você concorda com ele que boas ideias não são suficientes, sem um bom planejamento?
4. Você concorda com Leo que Sid poderia ter se planejado melhor para conversar com Teresa?
5. O que você achou do planejamento feito por Leo para o encontro com Helena?

---

\* \* \*

# Lição 5: Aprenda com seus erros

# CAPÍTULO 28

Sábado. Alexandre saiu muito empolgado da última reunião com seus sócios, especialmente com o relato sobre Leonardo da Vinci feito por seu sobrinho. Depois da reunião, foi para sua casa e resolveu pesquisar um pouco mais sobre o italiano. Realizou sua pesquisa, que durou mais de uma hora. Saturado[72] do renascentista, deu uma olhada nos assuntos relacionados e encontrou um *site* sobre inventores. Achou interessante ter outros modelos de inventores e empreendedores. Acabou entrando em um *site* que apresentava vários outros personagens. Entre os vários nomes, um chamou sua atenção, especialmente por ter passado um bom tempo nos EUA, o americano Thomas Edison. O inventor da lâmpada elétrica é uma lenda em seu país natal, e ele resolve se aprofundar em sua história, entrando em seu *site* oficial.

## THOMAS EDISON: O GRANDE INVENTOR

Nascido em uma família de classe média, em 11 de Fevereiro de 1847, Thomas Alva Edison era uma criança hiperativa, que foi expulsa da escola. O desligamento se deveu à incapacidade do jovem em aceitar a metodologia e regras do sistema escolar. Desde muito cedo, Edison demonstrou interesse inesgotável por ciências, a ponto de seus pais contratarem um tutor.

Ainda na adolescência, dois grandes marcos em sua vida: ficou praticamente surdo(100% em sua orelha esquerda e 80% na direita) e aprendeu a mexer no telégrafo, maior meio de comunicação da época, que possibilitou seu primeiro emprego. Mudou-se para Nova York, buscando sobreviver como inventor. Depois de três semanas, quase morria de fome, quando percebeu que um funcionário tinha dificuldades de consertar uma máquina em seu escritório. O estudo salvou a vida de Edison,

---
[72] Saturado: excessivamente cheio, cansado

> pois, conhecendo a máquina e como consertá-la, conseguiu dinheiro para emplacar suas invenções.
>
> Depois das vacas magras, Edison conseguiu apoio para desenvolver suas habilidades científicas e empreendedoras. Incansável, foi o inventor da lâmpada elétrica, do cinescópio e registrou mais de 1300 patentes. Em 1888, fundou a *Edison General Electric*, conhecida nos dias atuais como GE e até hoje uma das maiores multinacionais do planeta.
>
> A mente criativa e a vontade de realização de Edison trouxeram contribuições fundamentais para a humanidade, colocando esse americano como um dos maiores inventores da História.

Alexandre fica impressionado com a capacidade do inventor. Ele resolve usar sua história como fonte de inspiração para seu negócio. Pega o Plano Operacional traçado por Fernando para fazer alguns ajustes, a fim de apresentar na reunião de sábado, na casa de seu cunhado.

\* \* \*

No sábado, a reunião estava marcada para **às** 14 horas, mas Alexandre, como sempre, chegou mais cedo para "filar uma boia". Depois do almoço básico, um feijão com arroz e bife, Leo pede para conversar com seu tio, que atende o pedido.

- É rapidinho, tio.
- Pode falar, Leo, estou com tempo. A reunião só será daqui a uma hora.
- Vou sair com a Helena hoje.
- Que máximo, garoto!
- Queria te mostrar uma parada.
- Sim. Pode mostrar.

Leo tira do bolso um papel todo amassado e todo rabiscado e entrega para seu tio.

- Veja o que você acha.
- O que é isso?
- É um Plano de Ação.

Alexandre dá uma longa olhada no documento:

## PLANO DE AÇÃO – CINEMA COM HELENA

| O QUÊ? | COMO? | QUANDO? |
|---|---|---|
| - Descobrir a localização de cada loja | - Conferindo no mapa | 14:30 |
| - Medir o tempo de deslocamento entre uma loja e outra | - Cronometrando o deslocamento entre os locais | Até 15:00 |
| - Comprar créditos na loja de *games* | - Pagando adiantado por vinte rodadas | Até 15:15 |
| - Comprar ingresso do cinema | - Comprando na bilheteria | Até 15:30 |
| - Tempo de segurança | | Até 15:40 |
| - Esperar Helena | - Na porta do cinema, sem demonstrar ansiedade | Até 16:00 |
| - Assistir ao filme | - Atento a qualquer oportunidade de *aproach* | Até 16:40 |
| - Comentar o filme | - Perguntando a opinião dela<br>- Não se esquecendo de mencionar a questão da personalidade | Até 16:50 |
| - Comprar *milkshake* | - Aproveitando a provável ida de Helena ao banheiro<br>- Escolhendo o sabor preferido dela: morango | Até 17:00 |

| - Jogar *Daytona* | - Utilizando os créditos adquiridos antecipadamente<br>- Demonstrando entusiasmo | Até 18:00 |
|---|---|---|
| - Lanchar | - Escolhendo o sanduíche preferido dela: *doublecheese* com *bacon*<br>- Comprando a sua sobremesa preferida: torta de limão | Até 18:40 |
| - Despedir-se | - Buscando o momento certo para um beijo | 19:00 |

- E aí? O que você achou?

Alexandre tem dificuldade em responder. Não consegue formular uma resposta objetiva e verbaliza[73] isso para Leo:

- Não sei...
- Como assim? Não sabe?
- Por um lado é muito maneiro, é muito importante nos planejarmos para um momento significativo como esse, mas...
- Mas o quê, tio? Pode falar.
- Acho que tira um pouco da sua espontaneidade. Puxa, você pensou em cada detalhe! – Alexandre se mostra espantado.
- Não entendo. Você me disse que era importante nos planejarmos.
- Sim, e não retiro o que te disse. Entretanto, em outros momentos, é importante sermos originais, espontâneos. Se temos dúvidas, perguntamos; se temos uma opinião, comentamos. Assim, normalmente, sem medo ou insegurança.
- O que você acha que devo fazer?
- Leo, sinceramente, não posso te dizer. Essa decisão você deverá tomar sozinho.

O garoto fica pensativo. Depois de um tempinho, agradece o tempo do tio e vai para seu quarto, para se arrumar e sair.

* * *

---

73 Verbaliza: explica

Fernando chega às 14 horas em ponto, e os outros dois já estão a postos na sala de reunião, ou seja, na varanda, para iniciar os trabalhos. Carlos, sempre objetivo, vai direto ao ponto.

- E aí? Combinamos que montaríamos hoje a Estratégia de Marketing, não foi? – Carlos joga a pergunta para os outros dois.
- Calma, Carlinhos. *Be cool, man* – interpela[74] Alexandre
- Vamos, Xandão, tempo é dinheiro.
- O Carlos tem razão, Xandão. Já acertamos que não temos mais tempo a perder – Fernando complementa a bronca.
- Eu sei. Já falamos o suficiente sobre isso, mas eu queria só uns cinco minutinhos para falar de outra vantagem competitiva.
- Você quer voltar ao Planejamento Estratégico? Já temos diferenciais demais!!! – Carlos se exalta.
- Diferenciais nunca são "demais" – Alexandre reclama. – Como gestores devemos estar sempre preocupados com o que nos torna melhores que nossos concorrentes.

Antes que Carlos respondesse, Fernando apazigua a discussão, colocando um ponto equilibrado:

- Alexandre, concordo com você. Porém, não podemos ficar a vida inteira pensando na estratégia. Esse é um erro muito comum entre os empreendedores, porque a caracterização do negócio é uma das partes mais maneiras de ser desenvolvida. Vamos combinar uma coisa?

Alexandre concorda com a cabeça e demonstra interesse em ouvir a proposta:

- Esta será a sua última observação antes de fecharmos todo o Plano de Negócios. Depois, falaremos sobre a Estratégia de Marketing e o Esboço Financeiro, ok?

Carlos olha como se dissesse: "Xandão, esta é a sua última ideia, ok?". Alexandre se sente isolado, e, pressionado pelos seus dois sócios, aceita sem contestação.

- Posso falar esta última, então?

Carlos e Fernando concordam, e ele começa a contar um breve resumo de sua pesquisa sobre Thomas Edison e o que tirou de lição de tudo que aprendeu. Alexandre sinaliza que seria um grande diferencial para o curso deles, se tivessem muitas aulas práticas, para que os alunos pudessem aprender com seus erros. Depois do relato, Carlos pergunta:

- Você vai querer mudar o nome para Escola Edison?

---
74 Interpela: chama à atenção

- Lógico que não.
- Estou brincando. Eu sei que sou chato muitas vezes, mas devo assumir que valeu a pena te ouvir, pois colocou observações interessantes – Carlos reconhece.
- Não acho que devemos mudar o nome do curso, mas poderíamos chamar de Método Edison.
- E por que não chamar de Método Santos-Dumont? – sugere Fernando, quando os outros dois olham com cara de interrogação – Vocês não entenderam? Não conhecem Santos-Dumont?
- É óbvio que conhecemos, mas não entendemos a associação que você fez – responde Carlos.
- Assim como Thomas Edison, Santos-Dumont foi um grande inventor e sua principal obra...
- Foi o avião – completa Carlos.
- Exatamente. Porém, aparentemente, vocês não sabem que Santos-Dumont fez diversos testes com diferentes protótipos[75] até chegar ao 14Bis, que recebe esse nome, porque foi o décimo quarto modelo, na verdade décimo quinto. Então, sua história é muito parecida com a de Thomas Edison e com uma grande diferença: ele é brasileiro.
- Fernando tem razão. Usar um personagem nacional é muito melhor para nossa marca – Alexandre argumenta.
- Então, está fechado. Santos-Dumont será referência para nossa metodologia – Carlos encerra o debate. – Agora, podemos voltar para a Estratégia de Marketing?
- Sim, podemos, Carlos – Fernando e Alexandre respondem ao mesmo tempo, demonstrando uma certa impaciência com a insistência e chatice do dono da casa.

Carlos inicia sua explanação apresentando os detalhes do documento preparado por ele. Baseado na pesquisa de mercado realizada por Alexandre, ele definiu uma estratégia de preços, promoção, metas de venda e elaborou todo um projeto de posicionamento de marca. Ao final, ele recebe muitos elogios.

- *Incredible*. Seu trabalho ficou muito bom, cunhado. Estou impressionado! – Alexandre elogia.
- Parabéns, Carlos! A estratégia está excelente. O que chama a atenção é a riqueza dos detalhes – Fernando reforça os elogios.
- Sei que muitas vezes sou chato. É que sou assim mesmo, detalhista com tudo. Esse meu perfil sempre incomodou as pessoas por onde passei.

Alexandre se sente culpado por estar um pouco de saco cheio do cunhado. Já Fernando sempre pensou de outra maneira:

---
75 Protótipos: primeiro exemplar

- Interessante o que você falou, pois tem tudo a ver com o que eu disse outro dia. As pessoas se incomodam quando alguém do grupo discorda e faz questionamentos. É mais fácil lidar com quem concorda conosco. Porém, quando queremos um resultado, principalmente no mundo dos negócios, devemos buscar uma equipe com múltiplas habilidades e membros com pensamento analítico. É através da crítica que crescemos como indivíduos e grupo.

O discurso de Fernando, além de muito bonito, serviu para tranquilizar o ambiente. Todos entenderam mais o temperamento de Carlos e os três amadureceram enquanto membros de um grupo.

\* \* \*

# CAPÍTULO 29

O domingo passou voando para Leo. Feliz com os acontecimentos do dia anterior e satisfeito por ter conseguido realizar 90% do seu plano. Está ansioso para reencontrar Helena e contar toda história para Sid.

Ele acordou na segunda, ainda super empolgado, antes mesmo de o despertador tocar, arrumou-se e, quando sua mãe veio conferir se ele havia acordado, já estava pronto.

Chegou à escola e ficou esperando Sid na porta como de costume. O amigo chegou e parecia um pouco tenso. Leo estava tão afoito[76] para contar seu encontro de sábado que nem se deu ao trabalho de perguntar o que estava acontecendo com o amigo, e foi logo contando sua história. Porém, o trajeto da porta da escola até a sala durava cerca de três minutos, e Leo só conseguiu contar até o momento em que entraram no cinema. Sid não se animou com a história romântica do amigo e continuou desanimado e tenso.

Chegando à sala de aula, Leo procurou por Helena, mas ela não tinha chegado. O primeiro tempo começou e nada da menina. Ela chegou depois da primeira aula, sentou no fundo da sala, e Leo não conseguiu contato visual.

Sid teve que aturar Leo contando toda a história ao longo dos três primeiros tempos. O menino não teve paciência para esperar o intervalo e, a cada momento de folga nas aulas, adiantava um ponto da história. No meio do terceiro tempo, já estava na parte final, falando sobre o lanche que comeram juntos.

Depois dos três primeiros tempos de aula, a professora libera para o intervalo e Leo procura por Helena. Ela já havia descido. Fica impaciente pelas coincidências inoportunas[77] e atende o pedido de Sid, descendo junto com o amigo para o intervalo. Na escada, os dois vão conversando:

- O que você achou, Sid?
- O que eu achei de quê?
- O que você achou do que te contei?
- Achei legal – Sid responde sem demonstrar animação.
- Poxa, eu te conto sobre minha saída com a Helena, falo que foi só vitória e você fica assim, desanimado! Amigão você, hein?!
- Você quer que eu bata palmas? Eu bato. Parabéns! – e bate palmas ironicamente.

---

76 Afoito: apressado
77 Inoportunas: inconveniente

Leo quase responde à grosseria do amigo no mesmo nível, mas recua e resolve buscar o entendimento:
- O que houve, camarada? Você está triste. Por quê?
Sid se sensibiliza pela preocupação do amigo e confessa:
- Foi mal, Leo. Foi mal mesmo. Acho que estou com um pouco de inveja de sua felicidade. Além disso, estou com medo de encontrar a Teresa. Não nos falamos desde a semana passada e não sei como será esse encontro.
- Tenho uma boa notícia para você.
- Qual é?
- Você não vai precisar ficar muito tempo na dúvida, porque a Teresa está vindo para aqui agora.
Leo aponta para o meio da multidão de alunos, onde identificou a amiga, que caminha decidida no sentido dos dois.
- E aí, galera? Tudo certo? – ela pergunta.
- Tudo – responde Leo, enquanto Sid permanece mudo.
- E você, Sid? – ela insiste.
- Tudo bem, Teresa.
- Posso falar com você?
- Vou deixar à vontade – Leo sai de fininho, deixando o casal sozinho.
Teresa chama Sid para se sentar no mesmo lugar que o trio normalmente se junta para conversar. Ele se senta primeiro, e Teresa permanece de pé.
- Sid, queria conversar com você.
- Eu já percebi.
Sid inicia a conversa mantendo uma certa distância e com respostas secas, ao mesmo tempo em que procura encontrar Juan, em seu campo visual, o que não acontece.
- Fiquei perplexa[78] com o que você me disse, na semana passada.
- E?
Sid demonstrava descaso com a situação vivida por Teresa.
- Por que está sendo tão insensível?!
- Como você gostaria que eu estivesse?
- E como você gostaria que eu estivesse? Coloque-se no meu lugar.
- Hahaha... é até engraçado. Colocar-se no seu lugar?!?! Você se colocou no meu?
- Sid, está ficando difícil conversar com você.

---

78 Perplexa: espantada

- É mesmo? Não tem problema, vai lá conversar com o Juan, pois com ele deve ser fácil.

Sid provoca, e Teresa quase responde: "vou mesmo". O ciúme do menino o tinha transformado em uma pessoa amarga e irritante. Entretanto, sabendo que o amigo está nervoso, Teresa não quer magoá-lo.

- Sid, vamos tentar novamente, desde o início, está bem?

Ele concorda com a cabeça, e Teresa continua:

- Nós sempre fomos grandes amigos. Eu tenho um carinho enorme por você...
- Não precisa continuar, Teresa – Sid interrompe. – Você não gosta de mim, não é? Fale logo.
- Não é isso...
- Então, o que é?
- Gosto de você como amigo. Você é um dos meus melhores amigos e não quero perder isso.

Sid se cala. Apesar de não ter alimentado esperanças durante toda semana, é sempre bom ter uma surpresa e difícil tomar um fora. Ele se levanta e abandona a conversa, dando as costas para Teresa, que faz um último apelo:

- Sid, por favor, vamos continuar amigos.

Ele nada responde.

\* \* \*

Depois que deixou Sid e Teresa sozinhos para conversar, Leo caminhou até o meio do pátio. Olhando para todos os lados, sua atitude denunciava seu objetivo. Sente um cutucão em seu ombro direito e escuta uma pergunta:

- Está me procurando?

Vira-se e não vê ninguém. Olha mais abaixo e encontra quem lhe deu o cutucão.

- Tati, você por aqui? – pergunta meio sem graça e meio desanimado.
- Lógico. Eu estudo aqui. E aí, Leozito? Como foi o *weekend*?
- Foi legal – Leo responde, mas continua procurando Helena.
- O que você fez?
- Fui ao cinema.
- Poooooxa, nem me ligou, hein? Foi com alguma namoradinha nova?

Que pergunta indiscreta[79]! Se não fosse o jeito engraçado de ser da Tati, era capaz de Leo dar-lhe um fora, mas ele resolve desconversar:

---

79 Indiscreta: intrometida, imprudente

- Não é nenhuma namoradinha nova, não.
- Então, é uma namoradinha velha ou não é uma namoradinha ainda?
- Um pouco de cada – e ele continua a não achar Helena.
- Que isso, Leozito?! Você não me contou nada, assim vou ficar com ciúmes!

Leo está tão concentrado em achar Helena e tão desinteressado no papo de Tati, que nem percebeu sua ceninha de ciúmes. Nem deu bola. Nesse momento, encontra Helena, que está batendo um papo animadíssimo com o Heitor. Leo pede licença a Tati, dizendo que depois eles conversam, e vai na direção da loira. Ela está perto da cantina, a poucos de metros de sua posição. Ele vai caminhando, esbarrando em uns alunos, desviando de outros e sua cabeça começa a funcionar freneticamente[80]:

*- O que estou fazendo? Vou até lá e dizer o que para ela? Não "ficamos" ainda e muito menos estamos namorando. O que vou dizer? E ela ainda está com o "arroz" do Heitor. Antes de falar qualquer coisa com ela, preciso saber se ela gostou de mim, se gostou de nossa saída.*

Ele está a três metros de Helena, que não o vê, quando para de caminhar em sua direção. Fica na dúvida sobre o que fazer e, de repente alguém o puxa pelo braço. Ele se vira e encontra Teresa chorando.

- Leo, vem aqui, preciso falar com você.
- O que foi, Tetê?
- Vem comigo.

Leo segue Teresa até um lugar do pátio mais vazio. Ela primeiro dá um longo abraço no amigo e chora bastante. Leo tenta acalmá-la e, depois de um certo tempo, Teresa começa a narrar toda conversa que teve com Sid. Ao final, resume:

- Quando fui procurá-lo na semana passada, eu NUNCA esperava que ele dissesse que gostava de mim. NUNCA passou pela minha cabeça, É lógico que fiquei bolada e precisei de um tempo para processar tudo. Pensei bastante, reuni as melhores palavras e decidi conversar com ele hoje, mas parece que não deu certo...
- Tetê, o que você podia fazer? Você gosta dele?
- Gosto.
- Teresa, como amigo, nesse caso, não vale.
- Não. Não o amo.

---

80 Freneticamente: intensamente

- Então, você fez o máximo que pôde. Foi sincera, educada, carinhosa... Agora, tente entendê-lo, é muito difícil "tomar um toco" como esse e ainda por cima de você.

A menina se acalma:
- Você tem razão.
- Você gosta do Juan, não é?
- Mais do que isso.
- Como assim?
- Nós estamos ficando.
- Caramba!!!!

A reação de Leo é uma antecipação do que ele imagina que acontecerá com Sid, quando descobrir.
- Ficamos pela primeira vez há duas semanas e não te contei por causa do Sid. Hoje, até pedi para o Juan não ficar perto de mim.
- Vai ser *trash*!
- Não conte para o Sid, por favor.
- E você vai ficar escondendo isso? Até quando?
- É mesmo, né? Então, não conte para ele por enquanto. Vamos esperar que ele entenda melhor a situação.
- Tudo bem, de acordo.

Leo e Teresa chegam a um acordo sobre o que será melhor para Sid. Os amigos se abraçam e relembram os dias em que a amizade dos dois era muito forte.
- Tetê, apesar de tudo, fico feliz por você. É inegável que você está radiante[81] com esse seu namorico.
- Leo, e você?

Ele tem uma grande ideia.
- Estou ótimo. Fico até um pouco sem graça de falar assim, depois de tudo que está acontecendo com o Sid, mas estou muito feliz. Saí com a Helena, no sábado.
- Que maneiro! Mandou bem, ela é a maior gata!
- Pois é, posso te pedir um favor.
- Se eu puder te ajudar...
- Queria saber se ela gostou, se se amarrou na minha. Você podia descobrir para mim.

---

81 Radiante: feliz

- Você quer que eu chegue para ela e pergunte isso?
- É óbvio que não! Porém, você podia dar um jeitinho... conferir com as amigas dela, esse tipo de coisa.
- Tudo bem, entendi, vou tentar, mas não garanto nada. A Helena parece ser super na dela.
- Tente. Se der... deu. Vamos voltar para a sala que o sinal já tocou.

Os amigos voltam a se abraçar e retornam juntos para a sala. Na cabeça de Leo um *mix* de sentimentos: insegurança pela sua situação com Helena; tristeza por Sid e alegria por voltar a ter uma amizade forte com Teresa.

\* \* \*

# CAPÍTULO 30

Terça-feira, ao entrar em sala, Leo dá de cara com Teresa. Ela faz um gesto como se precisasse falar com ele depois. Ele entende, se senta e escreve um bilhete, pedindo que os colegas passem para ela. Ao receber, Teresa lê e se vira, pedindo paciência, pois eles conversarão depois, na hora do intervalo. Leo atende o pedido e não manda mais nenhum bilhetinho, até porque resolveu nunca mais participar dessa forma proibida de comunicação em sala de aula.

Na hora do intervalo, Leo e Teresa esquecem até a fome e preferem conversar antes de lanchar. Os dois se sentam no mesmo cantinho de sempre, e Teresa puxa o assunto:

– E o Sid?

– Tentei falar com ele ontem o dia inteiro e não consegui. Pensei até em ir à casa dele, mas achei que ele precisava de um tempo sozinho, e nós poderíamos conversar hoje de qualquer maneira, mas ele faltou.

– Será que faltou por minha causa?

– Tetê, não se liga nisso. Você não pode ficar se cobrando sobre isso. Como nós falamos ontem, você fez o que pôde.

– Tudo bem. Eu já entendi isso, mas é complicado e ainda tenho meus deslizes.

– Tem alguma notícia para mim?

Teresa fica em silêncio um tempo, e Leo percebe que ela não tem boas notícias.

– Fale logo, Teresa. Não me enrole.

– Não consegui uma maneira de falar com a Helena sobre o assunto, mas, como era muito importante para você, liguei para a melhor amiga dela, a Débora, porque eu tenho criado um laço de amizade com ela. Aí, puxei vários assuntos para enrolá-la até chegar no ponto...

– E?

– E ela me disse algumas coisas boas...

Teresa não completa a frase e Leo entende qual seria o resto.

– ... e outras ruins, não é?

– Sim. Ela me contou tudo que soube pela própria Helena. Obviamente, me fez jurar que não contaria para ninguém, pois, como te disse ontem, a Helena não é de ficar fazendo fofoca e só contou para Débora, porque é sua melhor amiga. A Débora disse que a Helena acha você uma graça e estava com vontade de ficar com você.

O coração de Leo dispara. Ele não esperava uma notícia tão boa como essa, era tudo que ele queria ouvir. Sente está próximo de conquistar sua paixão.

- Leo? Você está aí? Volte para a Terra!

Leo volta a prestar atenção à Teresa e na conversa.

- Agora, você quer ouvir a outra parte?
- Sim. Imagino que você tenha me contado a parte boa.
- Lógico. Consegue pensar em uma notícia melhor?
- Não.

Teresa faz uma cara de "tem-certeza-que-quer-ouvir-o-resto?"

- Tetê, não faça essa cara! Estou tranquilo – Leo respira fundo. - Pode contar o restante.
- Ela ficou bem decepcionada com o encontro de vocês.
- Como assim??? – Leo não consegue entender, planejou e executou tão bem – Não é possível!
- Ela falou que você parecia um "pai de santo robotizado". Você sabia todas as preferências dela e parecia que tudo que vocês fizeram estava marcado, como se você tivesse planejado tudo.
- E planejei mesmo. Qual o problema?
- Ela sentiu sua privacidade invadida. Como você fez?
- Orkut. É óbvio. Pesquisei o perfil dela e está tudo lá. Não invadi a privacidade de ninguém, qualquer pessoa poderia acessar. Depois, eu verifiquei quanto demorava cada programa e planejei todo roteiro. O Plano de Ação está na minha mochila, vou te mostrar.
- Plano de quê?
- P-l-a-n-o d-e A-ç-ã-o – Leo fala pausadamente.
- O que é isso?

Leo se anima em explicar.

- É uma técnica de administração utilizada para organizar processos. Através desse plano, você consegue organizar tudo que vai ser feito, quando, como e quem vai fazer.

Teresa se interessa pelo assunto, mas não consegue ver a relação entre a técnica de administração e uma ida ao cinema.

- Você aplicou esse modelo em seu encontro com a Helena?

Leo balança a cabeça positivamente.

- Então, você planejou tudo? Não perguntou nada para ela? Vocês fizeram tudo conforme você pensou? – Teresa pergunta com certa dificuldade de acreditar.

- Sim. Como eu já sabia as preferências dela, resolvi fazer várias surpresas.
- Leo, talvez você tenha exagerado nas surpresas. A Débora me falou que a Helena se sentiu um pouco presa, como se não pudesse escolher nada. Só porque ela gosta de jogar *Daytona* não significa que ela quisesse jogar naquele dia.
- A Débora comentou isso?
- Sim. Resumindo, a Helena achou você um chato.

Uma porrada na autoestima de Leonardo. Sua cabeça gira em um turbilhão de pensamentos:

- *O que eu fiz? Será que toda minha forma de pensar estava errada? Poxa, eu me esforcei tanto. Estou gostando tanto da Lena, e ela queria ficar comigo.*

Teresa, percebendo o estado do garoto, tenta consolá-lo:
- Não fique assim, amigo.
- Tetê, será que eu estraguei tudo?
- Não, Leozinho, isso é só o início. Você fez com a melhor das intenções. Haverá outros cinemas e dará tudo certo entre vocês.
- Como você pode saber?
- É intuição feminina. Agora, você tem que ajudar e, da próxima vez, não vai ficar obrigando a menina a fazer tudo do jeito que você quer.
- Mas...
- Surpresas são legais, mas, se acontecem o tempo todo, deixam de ser surpresas, não é?

Boa dica. Teresa consola e dá boas ideias para Leo. Os dois se abraçam, e ela convida:
- Vamos lanchar? Estou morrendo de fome, e o intervalo já vai terminar.
- Vamos.

Os dois se levantam a caminham para a cantina. No meio do caminho, Teresa percebe que os dois cruzarão com Débora e Helena, que conversam no meio do pátio. Ela adverte:
- Leo, não vai dar pinta, hein?
- Pode deixar.

Quando a dupla cruza pelas meninas, Teresa para, seguida por Leo, e cumprimenta Débora e Helena:
- Olá, meninas. – e dá dois beijos nas bochechas de cada uma, que retribuem.

Leo segue a amiga e também cumprimenta as duas. Seu olhar cruza com o de Helena, e ele tenta disfarçar a frustração[82]. Helena o cumprimenta normalmente, e

---

82 Frustração: tristeza

o garoto sai com a impressão de que conseguiu disfarçar. Teresa e Leo seguem seu caminho e ela pergunta:

- E aí, Leo, como está seu coração?
- Decepcionado.
- Com ela?
- Não. Comigo mesmo.

Teresa percebe que não existem palavras certas naquele momento e, segurando fortemente sua mão e dando um belo sorriso, demonstra que estará ao lado do amigo para o que ele precisar.

\* \* \*

# CAPÍTULO 31

Leo sai da escola e não fala com nenhum dos amigos que conversam em pequenos grupos na porta, como todos os dias. Ele liga para Déa e diz que não irá almoçar em casa, pois precisa ir a outro lugar antes. Ela pergunta, como se fosse a mãe de Leonardo:
- Vai aonde?
- Preciso ir à casa de um amigo.
- Do Sid?
- Não, e pare de perguntar. Estou ligando para que você diga para minha mãe, caso ela ligue, mas não precisa se preocupar, até as quatro horas estarei em casa.

Ele se despede e desliga o telefone. Depois, acelera o passo, está com pressa para falar com esse seu amigo.

Leo leva quase meia hora para chegar ao prédio de seu tio, Alexandre. O porteiro interfona, e ele é liberado imediatamente para subir. Chegando ao andar, Alexandre o espera com a porta aberta.
- Leo, *what a surprise*!

Porém, o garoto caminha decidido na direção do seu tio e não responde com o mesmo sorriso de Alexandre, que percebe que algo não está legal.
- O que houve, *my friend*?

Leo já está dentro do apartamento quando responde:
- Engraçado você me chamar de amigo, não é, tio?
- Por quê? Além de meu sobrinho, eu te considero meu amigo.
- Pois eu também tinha a mesma consideração, mas nós esperamos certas atitudes de nossos AMIGOS!!! – o jovem demonstra uma determinação especial e única em sua breve vida.
- Sim. Concordo com você e não estou gostando do seu tom. Por exemplo, os amigos devem respeitar uns aos outros.
- Respeitar e falar a VERDADE!!!
- Concordo. Respeitar, falar a verdade e serem francos e diretos. Se você acha que eu cometi algum desses erros, por que não me fala? Além de amigos, somos da mesma família e nos amamos. Fale logo, o que houve? – o tio se posiciona como o adulto da relação e põe fim nos rodeios do sobrinho.
- Por que você não me falou a verdade quando te perguntei sobre o plano de ação que tracei?

- Qual plano de ação?
- Aquele sobre meu encontro com Helena.
- Ahhh, agora eu lembrei. - Alexandre coloca a mão na testa e complementa. – Ué, eu falei para você o que eu achava.
- Você falou que tirava a espontaneidade.
- Sim. Eu achava e ainda acho isso.

Leo soca o ar repetidas vezes, demonstrando irritação, e continua:
- Mas isso é muito pouco! O plano foi uma DERROTA TOTAL!!! – o garoto levanta a voz.
- Leo, o que você queria que eu fizesse? Você estava de saída, se eu pegasse mais pesado na crítica, abalaria sua confiança o que seria ainda pior naquele momento. Você perguntou e eu falei a verdade.

Leo se acalma um pouco, quando lembra que, de fato, seu tio não mentiu para ele.
- Tudo bem, é verdade, você falou isso mesmo. Mas eu te perguntei sobre o que eu deveria fazer.
- E o que eu respondi? Você se lembra?

Leo busca no seu HD interno e responde:
- Disse que a decisão era minha.
- Você queria que eu saísse com a menina também? Só faltava isso. Leo, você me consultou e eu te falei a minha opinião, agora, você tem que aprender a tomar suas decisões e arcar com elas, de uma maneira ou de outra.
- Como assim?

Leo começa a se acalmar, senta-se no sofá e fica preparado para mais uma dica do tio mais experiente.
- A vida é feita de escolhas. Tomamos decisões todos os dias. Como seria se tomássemos somente boas decisões, se tivéssemos somente vitórias?
- Seria o máximo.
- Seria um SACO!!!

Leo dá uma risada e continua prestando atenção.
- Não comemoraríamos as vitórias, se não existissem as derrotas. Elas perderiam toda a graça. Uma não existe sem a outra. Estou querendo dizer que é normal termos vitórias e derrotas na vida, e ambas são importantes.
- É lógico que gosto de ganhar e acertar sempre, não consigo entender porque as derrotas são importantes.

- Porque elas nos ensinam. É difícil se aprender nas vitórias, mas, quando perdemos, devemos entender os motivos e melhorar. Por isso, eu te digo:

**Aprenda com seus erros**

Leo fica reflexivo sobre o que Alexandre acaba de dizer e se lamenta[83] um pouco:
- Mas é tão difícil!
- O quê? Aprender com a queda ou se levantar depois dela?

Leo para mais um pouco e acaba se rendendo:
- Acho que estou entendendo o que você quer dizer. Realmente, o mais difícil é se levantar depois da queda.
- Quando sofremos uma derrota, é natural que busquemos nos recuperar. Entretanto, poucas vezes aprendemos com a derrota, transformando-a em uma oportunidade de aprendizagem. Nessa sua experiência, você consegue perceber onde errou?
- Sim. Eu quis fazer várias surpresas para ela, mas acabou ficando chato, porque estava tudo muito certinho. Eu nem conversei direito com ela, não me preocupei em conhecê-la. Achei que, por ler seu perfil no Orkut, já sabia tudo sobre ela. Fiz papel de idiota!
- Posso adicionar uma coisa?
- Mais do que ser um idiota?

Alexandre ri e prossegue:
- Não se martirize[84]. Escute... é legal planejarmos, nos prepararmos, mas não estamos falando de uma empresa, de um trabalho, estamos?
- Não – o sobrinho responde, mas sem entender aonde o tio quer chegar.
- Estamos falando de afeto, carinho, amor... Você não deve ser totalmente racional em tudo na vida, muito menos quando se trata de um relacionamento. Procure agir com o coração.

Leo fica pensativo por um tempo e pergunta:
- Essa também é uma lição que você tirou dos estudos sobre montar uma empresa?
- Não... É uma lição de vida de alguém que acredita no amor – responde rindo.
– E não fique desanimado, porque você tem uma vantagem enorme.

---

83 Lamenta: reclama
84 Martirize: sofra

- Vantagem? Tio, você está me sacaneando?

Alexandre dá uma risada e depois continua:

- Não. Estou falando sério. Muitos chegam aos cinquenta anos e não percebem seus erros. Essas pessoas não conseguem uma vitória e ficam reclamando de tudo e de todos em vez de identificarem suas próprias falhas e corrigirem.

- Você tem razão. Eu tenho um exemplo em casa. Ano passado, eu estava brigando direto com minha mãe e, depois que bati uns papos com o Fred, busquei melhorar e minha mãe também. No final, nós dois aprendemos e resolvemos o problema juntos.

- O que falta agora?

Leo faz cara de interrogação, como se não tivesse entendido.

- Você já aprendeu, só falta se levantar. Não desista. Você já teve a iniciativa, saiu com a menina e não vai deixar esse "tombinho" te derrubar de vez, não é?

Leo se anima e comenta com Alexandre o que Teresa descobriu. No relato da história, ele dá uma valorizada na parte que Helena estava a fim de ficar com ele.

- Está vendo? Vai dar tudo certo.

Mais calmo, bate um peso na consciência do jovem.

- Tio, desculpe pela forma como falei contigo.

- Tudo bem. Poderia dizer que não foi nada, mas não é bem assim. Só porque estamos com raiva, não significa que podemos descarregar nos culpados. Hoje, você descontou em mim, mas eu compreendo e te perdoo.

- Mais uma coisa que eu aprendi.

- Quer aprender mais uma?

- Lógico, quero sim.

- Eu aprendi com você sobre o Leonardo da Vinci e a pesquisar na Net. Fiquei tão empolgado que fui pesquisar sobre Thomas Edison, para ajudar no nosso negócio, você o conhece?

- Ele foi um inventor, não é?

- Isso mesmo. Na verdade, foi um grande inventor, alguns o consideram o maior de todos. Conversando com o seu pai e seu padrinho, chegamos a um outro nome: Santos-Dumont. Você sabia que ele fez vários modelos de avião até conseguir voar com o 14Bis?

- Não.

- Ele é perfeito para ilustrar o que aprendemos hoje, juntos. Pesquise e me mande um resumo.

- Qual é, tio? Está pedindo para que eu faça seu trabalho?

- Se a Escola da Vinci der certo, você não vai querer vários presentes? Então, é melhor dar a sua colaboração.

Leo balança a cabeça, enquanto pondera a proposição do tio.

- Você está certo. Pode contar que farei agora mesmo, quando chegar a minha casa. Valeu?

Leo se levanta e dá um abraço no seu tio. Ele oferece algo para comer, mas o sobrinho não aceita e sai apressado. Sabe que, na casa de seu tio, ele vai acabar comendo alguma comida congelada rica em calorias, o que não contribuirá para sua dieta.

Leo chega a sua casa, esquece a fome, vai direto até seu quarto e liga o computador. Quando a máquina inicia, ele digita o endereço do *site* de busca e procura informações maiores e precisas sobre Santos-Dumont:

### SANTOS-DUMONT: O PAI DA AVIAÇÃO

Nascido em berço de ouro, no dia 20 de Julho de 1873, Alberto não permitiu que uma vida sem desafios financeiros se tornasse uma vida monótona e desprovida de realizações. Aos 19 anos, foi enviado para estudar em Paris disciplinas ligadas à área tecnológica.

Nos fins de 1897 levantou voo pela primeira vez, mas como passageiro e em um balão. A paixão pela aeronáutica foi imediata. Em menos de um ano, voava o primeiro balão construído por ele. Porém, a experiência não foi bem sucedida e, assim que deixou o solo, a aeronave foi de encontro às árvores, empurrada pelo vento. Nesse evento, Santos-Dumont já demonstrou as características que o fizeram entrar na história, espirituoso e determinado, encarou de forma positiva o fracasso e, dois dias depois, já estava levantando voo novamente. Uma vez disse:

"Encarei sempre com muita filosofia os acidentes deste gênero: vejo neles uma espécie de garantia contra outros mais terríveis."

Outras características preciosas deste grande inventor empreendedor eram a inquietude e perfeccionismo. Logo que foi apresentado ao mundo da aeronáutica, não conseguia aceitar que o movimento do ar decidiria a sorte do voo. Por isso, iniciou sua jornada com balões esféricos, depois passou para os balões dirigíveis até chegar aos aeroplanos. Em 23 de Outubro de 1906, Alberto Santos-Dumont foi o vencedor do concurso estipulado pelo Aeroclube da França ao ser o piloto do primeiro avião a decolar pelos próprios meios e conseguir pousar.

A maioria dos países considera os Irmãos Wright os verdadeiros inventores do avião, pois conseguiram manter sua aeronave no ar, mas levantaram catapultados. Por esse senão, países como França e Brasil consideram Santos-Dumont o "Pai da Aviação".

Independente desta polêmica, Santos-Dumont deu contribuições decisivas para a humanidade. Talvez a principal delas não tenha sido o 14Bis, mas o exemplo de atitude de um homem com um objetivo em mente. Ele aprendeu com seus erros e aperfeiçoou modelo por modelo até atingir o sucesso. Certa vez, perguntado por que não havia inventado o 14Bis antes, ele respondeu:

*"O inventor não faz saltos, progride de manso, evolui."*

Faleceu três dias após completar 59 anos, desgostoso por ver sua invenção ser utilizada como uma arma de guerra.

## PARA PENSAR...

1. Quando Leo percebe que seu encontro com Teresa foi um fracasso, culpa automaticamente seu tio, pois havia apresentado o plano para ele. Você concordou com essa atitude do garoto? Por quê?
2. Você concorda com a citação "A vida é feita de escolhas"?
3. Em certo momento da conversa com seu sobrinho, Alexandre pede que ele imagine um mundo sem decisões ruins. Apesar de Leo achar que seria o máximo, Alexandre diz que as derrotas são importantes, pois aprendemos com elas. Você concorda com esse pensamento?
4. Analisando os breves históricos de Thomas Edison e Santos-Dumont, quais características esse grandes inventores tiveram em comum? Você considera essas características essenciais em um empreendedor bem sucedido?
5. Leo pede para que Teresa descubra o que Helena achou do encontro deles. Você considera que agiu corretamente? Devemos pedir a ajuda das pessoas para concretizarmos nossos sonhos?

\* \* \*

# Lição 6: Envolva as pessoas em seus planos

# CAPÍTULO 32

Depois de fazer sua pesquisa na Net, Leo se sente melhor, mas fica mentalmente esgotado. Para descansar resolve entrar no *chat* e conversar com os amigos. Ao acessar, percebe logo de cara que Sid está *on* e não perde tempo para puxar assunto:

- Falaí, camarada! Tudo bem?
- Tudo.
- Você não foi à aula, hoje. Fiquei preocupado.
- Pode ficar tranquilo... estou melhorando.
- Eu iria te perguntar o motivo da sua falta, mas a resposta me parece óbvia: Teresa.
- Mais ou menos. Não deixei de ir à escola por causa da Teresa, mas devido aos meus sentimentos. No início, eu não estava conseguindo entender isso, mas, depois que passei um bom tempo refletindo, consegui chegar à conclusão de que a culpa não é dela. Tetê não pode interferir no que eu sinto, e por isso só eu posso responder. Realmente, esse foi o motivo da minha falta de hoje, porque precisava de um tempo, mas agora chega. Amanhã, estarei na escola.
- Sid, que mudança!!! Como aconteceu isso?! Você hoje de manhã foi fazer terapia com o Fred? - Leo fica feliz por ver que seu amigo está melhor e se surpreende com tamanha mudança.
- Não. Tenho que confessar uma coisa: sua mudança no ano passado me inspirou a superar essa dificuldade. Nunca me senti tão mal na minha vida.
- E agora? Como você vai reagir quando encontrá-la?
- Não sei. Imagino que será difícil, mas não tenho outra saída e tenho certeza de que vou superar esse momento.
- É isso aí, Sid, bola para frente!
- Sei também que vou precisar da ajuda dos meus amigos.
- Pode contar, amigo! Vamos marcar de sair no final de semana, passe um

tempo aqui em casa, vamos estudar juntos, sei lá. O importante agora para você é ficar perto dos amigos e manter a cabeça funcionando.

- É isso, aí. Eu sei que posso contar contigo sempre e, de fato, agora, eu vou precisar.

Leo fica lisonjeado[85] com a fala do amigo. Ele estava na dúvida se deveria revelar a situação de Teresa e Juan. Resolveu não contar, quando percebeu que seu amigo estava decidido a esquecê-la.

- Leo, amanhã você me empresta seu caderno para que eu tire cópia?
- Lógico. Se você quiser, depois da aula, nós podemos vir para minha casa e eu te explico a matéria.
- Tudo bem, combinado.
- Fechado. Preciso ir, pois acabei de lembrar que ainda não almocei.
- Agora você precisa lembrar que tem que almoçar??? O que estava fazendo até essa hora, para esquecer da fome?
- Amanhã, eu te conto. Fui!
- Valeu, camarada.

Leo se despede e desliga o computador. A fome ataca com toda sua força, e sua reação é dar um grito no tom mais alto possível:

- DÉÉÉÉÉÉÉÉÉÉÉAAAAA!!!!!!!!! TEM COMIIIIIIDA????

\* \* \*

---
85 Lisonjeado: feliz com o elogio

# CAPÍTULO 33

Depois de almoçar e dormir por quase duas horas, Leo é acordado por sua mãe, que chega do trabalho exausta, como sempre.
- Oh, Leonardo, levanta, rapaz.
Ela cutuca o filho incessantemente até ele responder.
- Que é, mãe? – responde, sem tirar o rosto do travesseiro.
- Você sabe que horas são? Você dormiu a tarde inteira?
- Não. E não.
- Vamos, levanta. Não tem nada para você estudar?
Leo finalmente tira o rosto do travesseiro e se senta na cama.
- Que horas são?
- Cerca de sete horas. Você já estudou hoje?
- Ainda não.
- E o que você fez a tarde toda?
Leo fica com vontade de contar, já que tem se sentido à vontade em conversar com sua mãe. Porém, está sem paciência para responder milhões de perguntas.
- Mãe... estou com tanto sono que nem me lembro.
- Que saudade! Saudade desse tempo inocente em que eu também tinha o luxo de não lembrar o que tinha feito, durante uma tarde inteira. – Joana fala em um tom que mistura ironia e saudosismo[86]. Leo não responde, e ela continua.
- Se contar o meu dia, você não vai acreditar na quantidade de problemas que resolvi. Eu trabalho sozinha naquela empresa.
- E os outros funcionários, mãe?
- São os "molengas lesados", muito lerdinhos. Eu acabo puxando todas as tarefas para mim.
- Sei... – Leo não pergunta mais, porque sua mãe passaria o resto da noite reclamando do trabalho.
- É melhor você levantar, lanchar e fazer as tarefas de casa.
- Mãe, não sou um dos seus subordinados, hein? Você já chegou a sua casa. Não está mais no trabalho.
Joana acha engraçado e complementa sua reflexão.
- Pois é, às vezes, eu me esqueço. Isso porque você é tão lesado quanto os meus funcionários, e eu também mando em você. Faça o que eu disse e rápido.

---
86 Saudosismo: sentimento de saudade

Joana dá um beijo na testa de seu filho e se levanta, deixando Leo e sua preguiça sozinhos no quarto. Ele boceja e deita-se na cama novamente. Seu cérebro volta a funcionar, e ele percebe algo interessante:

- *Engraçado. As pessoas dizem que muitas vezes, apesar de criticarmos, somos iguaizinhos a nossos pais. Sempre reclamei da minha mãe, pois a achava mandona e controladora. Eu saí com a Helena e cometi o mesmo erro: controlei todo o encontro e não deixei que ela se expressasse ou fizesse qualquer escolha. Errei da mesma forma e sem perceber.*

A conversa que acabara de ter com sua mãe foi fundamental para que Leo, mais uma vez, percebesse onde falhou. Agora, só falta descobrir como consertar.

\* \* \*

# CAPÍTULO 34

Leo sempre chega à escola especialmente animado neste dia da semana, pois tem aula de História. Nesse dia, a professora avisou que iniciaria uma matéria nova, Expansão Marítima, o que aumentou ainda mais sua ansiedade.

Ele entra na sala, que já estava cheia. Procura seu melhor amigo, mas não o encontra. A professora entra na sala, dando seu tradicional e bem animado "bom dia", que é respondido com a mesma animação por quase todos os alunos, pois apreciam[87] sua aula. É uma professora muito querida devido à qualidade de sua exposição e carinho que possui pelos alunos. Dessa forma, não tem muita dificuldade em controlar a turma e manter o silêncio durante sua aula.

Ela inicia a explicação fazendo uma revisão sobre os antecedentes da Expansão Marítima. Relembra a Idade Média e os acontecimentos que geraram as grandes navegações. Leo quase não pisca e absorve com muita alegria as informações passadas pela professora. Acostumado a aprender e pesquisar sobre grandes personagens da história, o garoto redobra a atenção quando a professora destaca um personagem: Cristóvão Colombo. Ele não se contém, levanta o braço e, quando a professora permite, faz uma pergunta:

- Professora, conte um pouco mais sobre Colombo?

Ela fica curiosa para saber o porquê desse estranho interesse sobre um personagem específico, mas, mesmo em sua aula, as perguntas não são comuns, e ela não quer quebrar o clima.

- Ele era italiano, mais precisamente genovês. Apaixonou-se pela navegação e tinha uma ideia: chegar às Índias navegando para o oeste em vez de contornar a África, pois acreditava que encurtaria a viagem. Ele propôs a viagem para o rei de Portugal, onde residia, mas o projeto não foi aprovado. Depois, conseguiu convencer os reis espanhóis e partiu em sua jornada, descobrindo acidentalmente o novo mundo, a América. Em poucas palavras, foi isso.

Leo fica abismado.

- Como pode uma pessoa ter uma ideia como essa? Navegar para o Ocidente a fim de chegar à Índia?

- Leo, naquela época havia muita mitologia e crenças de que esse tipo de rota era muito perigosa. A própria tripulação de Colombo fez um motim, pouco antes de os navios chegarem às Bahamas. Se não fosse o Colombo e seu sonho, o

---

87 Apreciam: gostam

contato entre os povos nativos[88] americanos e os europeus demoraria um tempo ainda maior para acontecer.

A professora explica de uma forma que chama a atenção de Leo.

- Então, professora, seu sonho era muito forte e isso fez toda diferença.
- É, podemos dizer que sim.

A coincidência entre a explicação da professora e a conversa que teve com seu tio Alexandre é muito grande, e Leo tenta buscar outros pontos em comum.

- *Que maneiro! Meu tio tinha me dito que "tudo começa com um sonho", e a descoberta da América pelos Europeus começou pelo sonho de Colombo. Não é que meu tio tinha razão?*

A aula continua rolando, mas agora Leo não ouve o que a professora está dizendo. Ela continua a explicar a Expansão Marítima e o pioneirismo ibérico, mas Leo está concentrando sua atenção nas lições sobre Empreendedorismo que está tendo com seu tio.

- *Depois da lição sobre a importância de sonhar, eu e meu tio falamos sobre iniciativa. Percebo claramente que Colombo foi pró-ativo. Ele poderia ficar com suas ideias para si e não batalhar com as autoridades da época, como ele fez. Correu atrás de patrocínio, apesar de toda a dificuldade da época.*

Leo vira sua cabeça e atenção para o papel, esquecendo completamente que está em sala, começa a escrever seus pensamentos:

- *Também posso perceber que ele buscou uma nova oportunidade. Ele poderia seguir o mesmo caminho dos outros navegadores até as Índias, contornando a África. Porém, para resolver esse problema ele pensou em outra solução, isto é, em uma nova oportunidade. Será que ele construiu planos para seguir sua rota?*

Os pensamentos de Leo são tão meticulosos[89] que consomem todo o resto da aula. A professora termina, libera a turma para o intervalo, e ele quase não percebe. A ficha só cai quando Sid se coloca ao seu lado e o chama para descer.

- Ué, camarada, pensei que você não tivesse vindo.
- Pois é, cheguei atrasado. Você não viu?
- Não.
- Você devia estar no mundo da lua, como sempre.
- Mais ou menos. Bem, vou pegar minha carteira para descermos.

Leo fecha o caderno e se abaixa para pegar, na sua mochila, a carteira, quando uma voz feminina chama por seu nome.

---

88 Nativos: oriundos daquele lugar
89 Meticulosos: específicos, cuidadosos

- Leo?
- Sim - ele levanta o rosto, torcendo para ser Helena.
- Tudo bem com você?
- Oi, professora, tudo – responde decepcionado e, ainda por cima, percebe que Helena acabara de sair da sala com suas amigas.
- Tudo bem mesmo?
- *Será que ela "sacou alguma coisa"?* – ele pensa.
- Tudo. Por que pergunta, fessora?
- Você estava prestando atenção à minha aula e até fez uma pergunta interessante. Entretanto, depois você se dispersou. O que houve?
- Poxa... desculpe.
- Não vim aqui te dar uma bronca. Sei que gosta da minha aula e está sempre atento. Eu só gostaria de entender.

Leo sente que a aproximação da professora é sincera e resolve se abrir.
- Sabe o que **é**, fessora, eu tenho conversado bastante com meu tio sobre empreendedorismo. Ele vai abrir um negócio e novas conversas têm me ajudado bastante. Quando escutei a senhora falando sobre Cristóvão Colombo, constatei que seu perfil era empreendedor.
- Você está dizendo que Cristóvão Colombo foi um empresário? Você está enganado. Inclusive suas colônias nas Bahamas foram um fracasso, durante sua administração.
- Não quis dizer empresário, administrador. A senhora se confundiu. Quis dizer empreendedor, isso é uma outra coisa.
- É mesmo? Eu não sabia.
- Ele correu atrás para realizar seu sonho, teve iniciativa, buscou oportunidades novas. Essas são características de um bom empreendedor.
- Acho que você tem razão. Colombo foi isso tudo.
- Posso te fazer mais uma pergunta?

Sid, já impaciente e com fome, olha o amigo com reprovação.
- Pode.
- Colombo tinha planos para concretizar o seu sonho?

A professora pensa um pouquinho e responde:
- Sim. Ele queria atravessar o Oceano Atlântico...
- Desculpe te cortar, fessora, mas eu quero saber é se ele tinha planos de COMO atravessar o Atlântico?

- Essa é uma pergunta difícil. Até porque seu sonho era uma hipótese. Não se tinha certeza. Porém... pensando melhor... acho que a resposta era sim. Porque ele se preparou. Tinha feito estimativas e conhecia os métodos mais modernos de navegação da época. Apesar das incertezas do projeto, ele estava preparado. Ele tinha seus planos.

- Perguntei isso porque o empreendedor não é um "cara" doido que sai fazendo tudo de qualquer maneira. Seus passos devem ser pensados e planejados. Não podemos confundir um empreendedor com um aventureiro suicida.

A professora olha seu aluno com orgulho. Já o conhece há dois anos e nunca o viu tão inteligente e confiante. Aproveita para elogiar.

- Parabéns, Leo! Fico muito feliz de te ouvir falando isso tudo. É muito bacana quando um professor troca lições com seu aluno. Devemos ver a aprendizagem como uma via em múltiplas direções. Não é só o professor que ensina, ele também aprende.

- Obrigado, professora.

- Acabei de ter uma ideia. Já sei como usar proveitosamente[90] esse nosso bate-papo.

- É mesmo? Como? – pergunta Sid interessado.

- Isso vai ser surpresa. Na próxima aula, nós conversaremos. Tenho que ir. Um abraço e continue assim, Leo.

- Valeu, fessora.

- Tchau, professora.

Os amigos se despedem da mestra, e Sid fica feliz e orgulhoso.

- Parabéns, meu amigo. Que orgulho! Pena que sua mãe não está aqui. Você ainda não tira nove nem dez, mas já recebe vários elogios. Podia ter gravado no seu celular para mostrar em casa.

- Tem razão, Sid. Faltou iniciativa, mas pelo menos aprendi com isso e da próxima vez não darei mole.

- É isso aí.

\* \* \*

Os amigos saem da sala e descem as escadas rumo ao pátio. Leo se lembra do problema vivido pelo amigo e puxa assunto:

- E aí, Sid? Como você está?

---

90 Proveitosamente: vantajosamente

- Estou bem.
- Sendo direto, você sabe que não poderá evitar a Tetê para sempre.
- Eu sei, mas... – Sid não completa a frase.
- Mas o quê?
- Não estou preparado ainda.

Leo fica na dúvida sobre o que dizer. Por um lado, sabe que Sid não tem como fugir da realidade, afinal ele e Teresa são amigos e estudam na mesma escola, mas por outro quer compreender a situação do amigo.

- Você entende, Leo?
- Entendo. Você pretende falar com ela algum dia? – Leo faz uma pergunta, tentando desfazer o nó em sua cabeça.
- Sim. Lógico.

Sid é tão firme em sua resposta que passa confiança para o amigo. Os dois chegam ao pátio e, antes que encontrassem Teresa, Leo resolve ajudar.

- Tudo bem, camarada. Eu vou te ajudar. Antes que vocês se esbarrem e fique uma situação enjoada, vou achar Tetê, falar sobre nosso papo de ontem e dizer que você ainda quer tê-la como amiga, sem problemas e sem mágoas. Vou pedir também que ela entenda que você ainda está triste, recuperando-se da situação e que te dê um tempo para isso.
- Leo, eu não poderia explicar melhor a situação. É isso mesmo que você falou. Você pode fazer isso por mim?
- Posso e vou fazer agora.
- Não quero que você pense que eu estou "amarelando".

Leo coloca a mão direita no ombro do amigo e diz:

- Agora, só estou pensando que você é meu amigo e precisa da minha ajuda. Não vou ficar te julgando, até porque se eu estivesse no seu lugar, iria querer o mesmo do meu melhor amigo.

Sid coloca sua mão direita sobre a de Leo, como se estivessem apertando as mãos, e agradece o apoio do amigo. Leo sai à procura de Teresa para conversarem. Sid, apesar de ainda triste com a situação, se reconforta[91] pelo fato de ter um amigo tão bacana, com quem pode contar.

\* \* \*

---
91 Reconforta: tranquiliza

# CAPÍTULO 35

Leo sai da escola e vai direto para casa de seu tio. Quando ele chega ao apartamento, Alexandre vai logo brincando:
- Sua mãe te expulsou de casa? Ela não me avisou. Agora, todo dia vai ser isso? Não tenho hambúrger para alimentar nós dois todos os dias.
- Pare de zoar, tio. Eu precisava falar com você.
- Disso eu tenho certeza. Ninguém trocaria a comidinha da Déa pelo meu *hamburger* que nem *cheese* é.
- Não tem nem queijo? Assim, não dá. Hoje eu iria "filar" seu sanduíche, mas hambúrger magro e pão duro ninguém merece.
- Fique sabendo que alimenta, pois já como isso há uns três meses e estou de pé.

Leo faz uma cara de nojo, como se estivesse arrependido de imaginar três meses comendo os sanduíches insossos[92] de seu tio.
- Que cara é essa? Você não come nesses *fastfoods* famosos que tem por aí?
- Está brincando, não é? Você não está fazendo essa comparação...
- É verdade. Estou brincando. Até porque se eu soubesse fazer um sanduíche tão bom quanto das grandes lanchonetes, eu não estaria abrindo um curso de qualificação profissional, mas um restaurante, ou no mínimo um botequim.

Leo acha graça e, enquanto seu tio vai até a cozinha preparar seu almoço, senta-se no sofá e organiza o que vai contar para Alexandre. Este berra da cozinha, a fim de ser ouvido:
- Leo, *tell me*, o que te traz aqui?
- Queria uma opinião sua.
- Sim, pode falar.
- Mas primeiro eu preciso te contar uma história.

Alexandre se mostra disposto a ouvir a história do sobrinho.
- Pode começar.

Leo inicia sua narrativa sobre a saga[93] de Sid. Relata a amizade que ele tinha com Teresa e o momento em que ele percebeu que havia algo a mais. Chegando aos últimos acontecimentos, Leo conta sobre o relacionamento entre ela e Juan e a forma como Sid reagiu a isso tudo.
- OK. Em que eu posso te ajudar?

---
92 Indossos: sem sal, sem graça
93 Saga: jornada difícil

- Hoje, o Sid foi à escola e já está melhor. Não se recuperou totalmente, mas está melhorando. Porém, ele não conseguiu falar com a Teresa e pediu que eu fizesse isso.

- E você fez?

- Fiz.

- E como ela reagiu? O que ela disse?

- Tio, deixa de ser fofoqueiro! Não vim aqui para te contar a história triste do meu amigo – reprova a curiosidade excessiva de Alexandre.

- Foi mal, Leo, você tem razão. Você fez uma boa narrativa, parecia seriado americano, fiquei curioso para saber o final.

- Eu falei com ela, como te disse e o que eu queria saber era se você acha que fiz certo.

- *I see...*

Alexandre, com olhar voltado para o teto, para um pouco e analisa a situação. Leo espera e não consegue esconder uma certa ansiedade pela resposta de seu mentor para assuntos relacionais. O tio rompe o silêncio, mas decepciona seu pupilo:

- Sinceramente, eu não sei.

- Como não sabe?

Leo fica muito bolado, pois não esperava que a pessoa que tem o ajudado tanto nos últimos tempos, trazendo respostas, poderia dizer algum dia: eu não sei.

- Não sabendo, ué.

- Você quer dizer que precisa de um tempo maior para me dar uma resposta?

A pergunta de Leo demonstra uma grande dependência, o que incomoda Alexandre. Assim, ele resolve fazer um teste com o garoto:

- Não. Não preciso de um tempo. Simplesmente, eu não sei e não vou procurar uma resposta para você.

Leo fica chocado. Alexandre quase conseguia ler em seu rosto: e agora?

- Resumindo, você vai ter que se virar – e levanta do sofá para levar até a cozinha o prato, com as migalhas do sanduíche que comeu antes da chegada de Leo. Ele deixa o prato na pia, junto com o restante da louça acumulada de dois dias, e volta para sala, encontrando um Leo mais esperto.

- Tudo bem, tio. Eu entendi o que você está fazendo comigo.

- Entendeu mesmo?

- Sim. Você está querendo me libertar, para que eu seja menos dependente, não é?

O tio balança a cabeça, como se dissesse "é por aí".
- Tudo bem. Pelo menos, me ajude a analisar a situação.
- Ah, agora sim. Agora está parecendo meu sobrinho. Eu tenho uma opinião sobre o assunto, mas precisava testar a sua autonomia[94].
- O que é isso?
- Vou te explicar, preste atenção! Quando pequenos somos pessoas dependentes, precisamos da ajuda dos outros, não conseguimos nos virar sozinhos. Depois, muitas pessoas passam para o nível da independência, sentem-se poderosos e capazes de fazer qualquer coisa sozinhos.

Leo demonstra entender, gesticulando com a cabeça e seu tio continua:
- Porém, o desenvolvimento da maturidade de uma pessoa não acaba nesse momento.
- Não?
- Devemos perceber que vivemos em comunidade, por isso somos todos interdependentes. Você sabe o que significa?
- Mais ou menos.
- Significa que dependemos uns dos outros. Ora vivemos em sociedade. A interdependência deve ser vista como uma forma equilibrada e ideal de nos relacionarmos. Não ficamos como impotentes[95] e vítimas, no caso da posição dependente, e nem super poderosos e invulneráveis[96], como as pessoas que se acham independentes pensam.
- Entendi o que significa, mas o que tem a ver com a situação do Sid e a minha pergunta?
- Tudo. A situação que você me trouxe não é fácil, não é objetiva. Penso que você deve analisar o comportamento do seu amigo nesse caso e em outras situações difíceis. Ele costuma fugir dos problemas?
- O Sid?
- Lógico. Não é dele que estamos falando?
- Sim... deixe-me pensar um pouco...

Leo reflete, pensa, analisa e, depois de um tempo, responde:
- Não. Ele não costuma fugir dos problemas ou pedir que eu ou outra pessoa resolva para ele.
- Então, podemos dizer que seu comportamento é dependente?

---
[94] Autonomia: independência
[95] Impotentes: incapazes
[96] Invulneráveis: fortes, inatingíveis

- Não.

- Pois é, se ele tivesse atitudes que refletissem um estado dependente, eu diria que você, como amigo, deveria estimulá-lo a "encarar seus fantasmas". Mas como você disse, não é o caso. Então, podemos concluir que ele está em um momento difícil e que, por hora, não conseguiu falar pessoalmente com a menina.

- Sim.

- Você acha que ele brevemente vai resolver essa situação?

- Com certeza.

- Muitas vezes estamos com problemas que não temos habilidade para resolver ou estamos passando por um momento delicado em que não temos força para corrigir certas falhas. Isso é normal. O que fazer nesses momentos?

- Contar com a ajuda dos amigos.

- Principalmente dos amigos. Porém, às vezes, estamos em situações como essas e não temos grandes amigos por perto ou eles não têm as habilidades necessárias para ajudar. Por isso, eu te aconselho:

**Envolva as pessoas em seus planos**

Leo continua atento, e Alexandre continua:

- Temos que buscar nos aproximar e criar vínculo com todas as pessoas. Obviamente, por questão de educação e também pelo que chamamos hoje de *networking*.

- O *net* da palavra é de rede, não é?

- Você está certo. Até que seu inglês não é tão ruim. Essa palavra expressa toda rede de relacionamento que possuímos, e a capacidade de criar uma boa rede é uma qualidade fundamental para o nosso sucesso, nos dias de hoje. Vou te dar um exemplo pessoal: nós vamos abrir a Escola da Vinci na semana que vem. Vários processos foram acelerados e possibilitados, devido ao nosso *networking*. O Fernando conhecia um despachante que acelerou a papelada, seu pai conhecia o gerente da imobiliária, que conseguiu um imóvel super maneiro para nós, temos mais de trezentas pessoas para chamar para a inauguração, para citar três exemplos.

Leo está surpreso e feliz com tantas informações úteis.

- Peraí, tio, vamos devagar. Você falou tanta coisa e eu não quero ficar confuso. Primeiro, você explicou sobre a necessidade de sermos interdependentes, depois explicou o que é *networking*.

- *Take it easy*. Preste atenção e verá que é a mesma coisa. Se deixarmos de culpar os outros, ou seja, abandonarmos a dependência e deixarmos de pensar que sozinhos conseguiremos tudo, vamos concluir que somos seres interdependentes neste planeta. A partir desse pensamento, a conclusão natural é buscarmos melhorar essa convivência, expandindo nossa rede de relacionamentos, nosso *networking*, envolvendo as pessoas em nossos planos.

- Muito maneiro isso tudo! Muito maneiro mesmo!

Enquanto elogiava, Leo teve um *insight*[97], lembrou-se do que estudou na aula de História e resolve comentar com seu tio.

- Sabe um exemplo perfeito para tudo isso que vimos, tio?
- Pode falar.
- Colombo. Você conhece sua história?
- Alguma coisa, mas é sempre bom aprender, pode falar.
- Ele é um ótimo exemplo de tudo que falamos até aqui, especialmente dessa questão de envolver as pessoas. Ele tinha um sonho, um projeto, navegar rumo ao oeste a fim de descobrir uma nova rota para as Índias. Sozinho, ele não tinha condições, pois não tinha recursos suficientes. Se ele pensasse de forma dependente, iria ficar reclamando e não faria nada. Caso se achasse independente, não faria nada, pois precisava de ajuda, com homens e recursos. Ele percebeu a importância de envolver as pessoas em seus planos e procurou, sem desistir, até encontrar uma autoridade disposta a patrociná-lo.
- Acho que você entendeu. Realmente, o exemplo de Colombo é perfeito.
- É. Eu também acho. O Sid se sentiu incapaz e pediu minha ajuda. É algo natural. Se isso acontecesse o tempo todo, seria ruim, pois ele não cresceria, não aprenderia. Então, acho que minha ajuda foi positiva.
- Concordo com você. Aliás, percebeu que fiz o mesmo com você?
- Não.
- Poderia te explicar isso tudo desde o início, mas senti você muito acomodado. Então, optei por exigir um pouco mais. Você não estava envolvido em seu próprio plano de entender a situação.

Leo faz uma pausa, pois não queria concordar de primeira. Depois cede e demonstra que apoia a posição de Alexandre.

- Tio, valeu MUITO pela conversa. Aprendi bastante.

---

97 *Insight*(ing): ideia nova

O garoto se levanta do sofá e precisa voltar para casa antes que a fome seja tamanha, a ponto de ele aceitar o sanduíche mixuruca de seu tio. Os dois se despendem e Leo, já do lado de fora, recebe um último convite:
- Tem certeza que não quer o meu x-tudo?
- Que tudo? Seu "x" não tem nada! Nem "x" é, seria no máximo um "a" e minúsculo!
- Não esculacha! Um dia você vai estar com fome e sem outra opção. Aí, eu quero ver você esculhambar o meu sanduba.

Leo já entrava no elevador, quando Alexandre lembrou-se de mais uma pergunta:
- Leo?
- Sim.
- Mas o que a Teresa falou mesmo, hein?
- Tchau, tio! – e Leo mantém a sua discrição, pedida por Teresa.

* * *

# CAPÍTULO 36

- Até que enfim você chegou.

Carlos demonstra alívio e dá uma bronca em Alexandre por estar atrasado para a reunião.

- Foi mal, Carlinhos, é que eu saí atrasado de casa, pois estava colocando no papel algumas novas ideias que tive.

Carlos se vira rapidamente e encara o cunhado ferozmente.

- Caaaallllma. Estou brincando. Falei para te provocar. Sei que você não aguenta mais as minhas ideias.

- Não é isso. Seria injusto se falasse isso. Tenho certeza que o curso será um sucesso e muito devido as suas propostas vanguardistas[98].

Os parentes-sócios demonstram, depois na última reunião, mais afinidade e tolerância um com outro.

- Porém, sabemos que tem um limite. E o momento é de trabalho braçal. Temos que acertar os detalhes finais para a abertura na semana que vem e para o coquetel de sábado. Trabalhei esta semana em cima do Esboço Financeiro – Fernando intervém colocando foco na conversa, enquanto distribui uma série de papéis aos seus sócios.

Carlos vibra quando vê os números projetados:

- Que maravilha! Será que conseguiremos atingir essas metas? – ele pergunta.

- Confesso que sou um pouco otimista e não devemos contar com a realização desses números. Podemos considerar como metas agressivas, que são necessárias para avaliarmos nosso desempenho e motivar nossos funcionários.

Alexandre se mantém centrado e quieto ao ler o documento. Fernando se espanta:

- O que houve, Xandão? Não ficou feliz com os números?

- Não sei ao certo... porque na verdade eu não entendi nada!!!

Fernando e Carlos acham engraçado a maneira como Alexandre falou, e buscam explicar rapidamente para ele.

- Esse documento é o nosso Esboço Financeiro, que contém alguns itens fundamentais, como: discriminação do capital inicial, demonstrativo de resultado e outros indicadores[99].

---

98 Vanguardistas: pioneiras, novas
99 Indicadores: números para medição

- Não entendo por que precisamos fazer previsões. Por acaso, somos cartomantes ou pais de santo? – Alexandre questiona.

- Muitas vezes, as pessoas resolvem empreender, mas não se preocupam com as questões financeiras. Às vezes, é chato, eu sei. Porém, como sócios, devemos ter domínio das saídas e entradas.

- O que seria um demonstrativo de resultado?

- É um documento que reúne todos os custos, uma previsão de receita e consequentemente o resultado final esperado – Fernando explica.

O semblante de Alexandre demonstra que ele entendeu. Então, Carlos faz mais uma pergunta:

- E os outros indicadores financeiros? Você já entendeu?

- Esses ficaram mais fáceis porque estão escritos em inglês. *Payback* seria o tempo estimado para retorno do capital e *breakeven* a situação em que a receita empata com os custos, logo o momento em que começamos a ter lucro, estou certo?

- Exato. Esses indicadores são cruciais para nossa análise e para não esperarmos resultados muito distantes do possível. Além disso, as previsões fazem com que tenhamos metas e saibamos quanto pretendemos ganhar na frente, quando receberemos o capital investido de volta entre outros dados.

Alexandre não se mostra muito empolgado e Carlos olha seu cunhado, como se dissesse: "Você realmente acha que isso tudo não é importante?!" Assim, o cunhado fica sem graça de ser o único a não entender e valorizar a programação financeira. Resolve ficar em silêncio, e a reunião prossegue com Fernando fazendo uma explanação sobre a estrutura financeira da futura Escola Da Vinci. No momento em que Fernando inicia a apresentação dos custos associados à Estratégia de Marketing, Alexandre levanta a mão como se estivesse em sala de aula.

- O que foi, Alexandre? – pergunta Carlos, demonstrando cansaço.

- Posso falar só uma coisa? Não vai mudar nossos planos, tem tudo a ver com a pauta de nossa reunião de hoje, e o *insight* surgiu em um bate-papo com o Leo.

- Com o Leo? – se surpreende Carlos.

- Pode falar, mas seja rápido.

- Ele foi até a minha casa ontem, e falamos sobre Cristóvão Colombo.

Carlos tem vontade de perguntar: o que tem isso a ver conosco? A pergunta chega à ponta da língua, mas retorna e ele dá um tempo maior para Alexandre expor seu pensamento.

- Tem várias situações interessantes na vida de Colombo, que servem como exemplo para nós, empreendedores. Uma questão especificamente é super interessante e não utilizamos totalmente ainda.

- Qual é? – pergunta Fernando.
- Colombo buscou apoio em vários burgueses e autoridades da época. Esses apoios foram cruciais para o seu sucesso.

Os outros dois sócios permanecem em silêncio, atentos e aproveitando a interessante exposição de Alexandre, que continua:
- Vejo que utilizamos muito do nosso *networking* para montar a "Escola Da Vinci", mas podemos intensificar isso e reduzir nossos custos. Para o marketing, por exemplo, podemos buscar apoio da subprefeitura e das microcomunidades da região, como academias e igrejas. Podemos construir parcerias com cursos que possuem outras finalidades como de línguas, danças ou para concursos.
- Você tinha razão, Xandão. Suas ideias ajudarão na implantação dos detalhes finais, que estamos vendo hoje. Realmente, não utilizamos todas as possibilidades de contatos que temos.
- Dentro da mesma questão, existe uma outra aplicação. Na gestão dos colaboradores. Colombo envolveu seus tripulantes com seu sonho de buscar uma nova rota de navegação, motivando todos a se tornarem pioneiros junto com ele. Aproveitando a questão das metas que você mencionou, Fernando, devemos estipular recompensas financeiras para os colaboradores de acordo com metas alcançadas. Acredito que teremos um desempenho superior e valerá a pena.
- Concordo com você. Porém, você sabe qual é o maior motivo de falência prematura[100] de empresas? – Carlos pergunta em tom de alerta.
- Não.
- Fluxo de caixa. As empresas não conseguem gerar receita para capital de giro no início das operações. Para não cair nesse erro, devemos minimizar as saídas de capital. Posteriormente, devemos nos preocupar e construir uma política de valorização de nossos funcionários.

Carlos constrói cuidadosamente sua argumentação, e todos concordam. Depois, demonstra satisfação com a observação realizada por Alexandre:
- Parabéns, Xandão, pois com certeza suas observações serão úteis, até porque são objetivas, não filosóficas.
- Contudo, elas nasceram de um debate filosófico que tive com seu filho.
- Não brinca? – Carlos não acredita.
- Ele veio me fazer uma pergunta, que não respondi de primeira. Fiz com que ele pensasse um pouquinho, conversamos e ele me contou tudo isso sobre Colombo, ou seja, trocamos ideias e foi muito importante para mim, e acredito que para ele também.

---

100 Prematura: antecipada, antes do tempo

- Então, se você tivesse respondido a pergunta de forma simples, não teria tido essas ideias? – imagina Fernando
- Muito provavelmente.
- Fico até com vergonha, pois sei que sempre insisto para sermos objetivos. Se tivéssemos sempre este comportamento que peço, não teríamos muito da qualidade que construímos – Carlos reflete e faz *mea culpa*[101].
- Não se recrimine, Carlos. O sucesso sempre exige equilíbrio. Uma sociedade de três pessoas, como a nossa, tem essa vantagem. Somos pessoas diferentes e trazemos contribuições ecléticas[102] para o grupo. Um coletivo, para ser harmonioso e bem-sucedido, não deve haver concordância cega em tudo. Exatamente isso que concluímos, eu e Leo, devemos sempre envolver as pessoas em nossos planos, para realizarmos nossos sonhos.
- Parece que meu filho sabe de coisas que eu não sei – Carlos fica com um pouco de ciúmes.
- Isso é normal. Meus filhos pequenos sabem mais de computador do que eu, mas não têm a minha experiência de vida. Sempre temos algo a aprender com todos, até com nossos filhos – Fernando tenta tranquilizá-lo.
- Chega de blábláblá. Viemos falar sobre o Plano Financeiro e temos muito trabalho. Vamos lá – surpreendentemente, Alexandre chama a atenção dos outros para se manterem fiéis à pauta.
- Então, vamos. – anima-se Fernando.

Os três se sentam à mesa e com seus *laptops* prosseguem a pauta. Carlos participa, mas fica aéreo durante algum tempo, não por estar envergonhado, mas pelo orgulho de ver a pessoa em que seu filho se transformou.

\* \* \*

---

101 *Mea culpa*: assume a culpa
102 Ecléticas: diferentes

# CAPÍTULO 37

Sexta-feira. Nesse dia da semana, Leo também acorda animado. Não por ter aula de História, mas porque no dia seguinte é sábado.

Ele chega à sala de aula e fica extremamente atento aos dois primeiros tempos de Matemática, pois a professora explicou uma matéria nova muito difícil. Ao final das aulas, ele ainda terminava um bloco de exercícios, quando de repente a professora de História entrou animada.

- Oi, turma!

A turma fica sem entender porque não é sua aula, e ela vai explicando.

- Galerinha, desculpem. Será rapidinho para não atrapalhar a aula de Ciências. Tive uma ideia essa semana. Conversando com um aluno daqui da sala – todos se entreolham, perguntando em silêncio quem seria – que fez uma análise interessante do personagem principal da aula de terça, Cristóvão Colombo, - nesse momento, somente Leo e Sid sabiam quem era o aluno – eu resolvi passar um trabalho para vocês.

- Quem foi o desgraçado! – Chico fala alto e brinca com a situação, enquanto Leo se encolhe em sua cadeira, e todos na sala riem.

- Francisco, seu engraçadinho, da próxima vez que gritar ou destratar um colega, você vai descer para a direção.

Chico se desculpa, e a professora segue seu raciocínio:

- Bem, voltando... resolvi passar um trabalho diferente. Normalmente, vocês fazem pesquisas relacionadas a assuntos já vistos e me entregam, não é? Pois dessa vez vocês terão mais autonomia.

- Como assim, professora? – pergunta o apressado Heitor.

- Espere eu explicar tudo, depois vocês perguntam. O trabalho será em grupo de seis pessoas, no máximo. Cada grupo deverá escolher um personagem da história, que já estudamos aqui, desde o 6º ano, e contar um pouco da sua história, identificando atitudes empreendedoras do referido personagem ao longo de sua vida.

- Atitudes o quê? – pergunta um aluno.

- Empreendedoras.

- O que é isso? – pergunta uma menina.

- Para aqueles que não sabem, o trabalho inicia aqui: descobrindo o que é um empreendedor. Inclusive, agora, cada grupo deverá mostrar um resumo de características empreendedoras no início da apresentação.

- Pessoal, vamos parar de perguntar. Está piorando... – Chico faz mais uma graça.
- Professora, vai ter que apresentar? – pergunta Teresa.
- Claro. Aqui na frente – apontando para o tablado.
Neste momento, os alunos assumem comportamentos diferentes. Alguns ficam em silêncio, preocupados com a nova tarefa, outros reclamavam com a professora, que se mantinha firme em sua posição, enquanto alguns se articulavam para descobrir e "enfiar a porrada" no aluno que deu a ideia.
Leo tem uma resposta um pouco lenta, talvez por estar preocupado que alguém descubra que foi ele a conversar com a professora. Durante algum tempo, fica imóvel, não adotando nenhum comportamento comum ao dos seus colegas. Sid o chama:
- E aí, Leo? Vamos fazer juntos?
Antes que ele responda, a professora encerra a bagunça que se instalou na sala.
- Galerinha, a atividade está passada e na próxima terça quero a relação dos grupos. As apresentações serão na outra semana.
- Já? Teremos somente uma semana para fazer, professora – protesta Teresa.
- Sei que o tempo é curto, Teresa, mas o trabalho é importante e daqui a três semanas termina o semestre. Não tem jeito – argumenta a mestra, enquanto se dirige para sair da sala.
A ficha cai e Leo coloca um lindo sorriso no rosto.
- *Ela aproveitou a minha ideia.*
Antes de sair, ela chama um aluno:
- Leonardo, posso falar com você?
Os alunos observam desconfiados, enquanto Leo levanta-se e se dirige até a professora, que está fora da sala, em frente à porta.
- Fessora? – Leo a chama, e ela o convida para conversar do lado de fora da sala.
- Sim, Leo, tudo bem com você?
- Tudo.
- Queria mesmo falar com você.
- É mesmo? Por quê?
- Ora, para te elogiar. Você deve estar se sentindo super bem, pelo fato de eu estar aproveitando uma conversa que tivemos, para passar uma atividade para a turma inteira.
- É lógico que eu fiquei feliz...

Nesse instante, Leo olha pela fresta da porta, e sua posição permite que ele veja Helena com sua três amigas de sempre e Tetê. Aparentemente elas estão combinando alguma coisa.

- O que foi, Leo?

Elas conversam e caminham para sair da sala. Leo tem um *insight* e percebe uma grande oportunidade.

- Profe, valeu pelo elogio. Agora, preciso ir para assistir à aula de Ciências – e abandona a conversa apressado.

- Tudo bem. Mais uma vez, parabéns!

- Valeu, professora – Leo agradece e retorna para sala.

Ao final da aula, todos saem para o intervalo. Leo desce as escadas na maior pressa, ao mesmo tempo procura alguém nervosamente. Passa por Sid, que o chama, mas ele nem percebe. No pátio, finalmente encontra quem procurava tão intensamente.

- Tetê, venha aqui! – e sai puxando a amiga pelo braço.

- Que isso? Que isso, Leozinho? – ela se assusta com a atitude do amigo.

- Preciso falar com você, AGORA! – puxando ela para um canto mais reservado.

- Vá devagar. Está me machucando – ela resiste e dá um empurrão em Leo.

Porém, eles já não estão no grupão, e Leo começa a falar:

- Preciso muito da sua ajuda.

- Você não vai me agarrar, vai?

- Lógico que não. Pare de reclamar. Escuta...

Leo correu tanto que ficou cansado, agora respira e fala mais pausadamente.

- Você estava combinando com as meninas de fazer o trabalho juntas, não é?

- Ahhhh... está com ciúmes porque sempre fazemos juntos.

- Não. Não quero fazer o trabalho com você – responde friamente.

- Ihhh... que grosseria! Fui!

Mas Leo não deixa e segura a amiga pelo braço de novo.

- O que você tem, Leozinho?

- Foi mal, não quis ser grosseiro. Não estou com ciúmes de você, não é isso. Preciso de um favor.

- Qual é?

- Preciso que você me coloque no seu grupo.

- Ué. Você acabou de dizer que não quer fazer o trabalho comigo.

- Quis dizer que não faço questão de fazer contigo...

- Mas quer fazer com a Helena – Teresa completa quando percebe a intenção do amigo.
- Isso mesmo.
- Leo, sinto muito, mas o grupo já está fechado – avisa com uma voz tristonha.
- Sério? Poxa, corri à beça logo que percebi a oportunidade, mas foi à toa.
- Não fique assim. Você terá outras chances.
- Quem está no grupo? – ele resolve insistir
- Eu, Helena, Débora, Renata, Aline e Juan.
Leo dá um sorrisinho de canto de boca e pede:
- Preciso que você faça algo por mim.
Teresa parece já entender.
- Não. Não, não, não, não me peça isso.
- Você sabe quem foi que deu a ideia para a professora?
- Vai dizer que foi você?
- Foi. Você vai dizer isso para as meninas e convencê-las que é importante a minha participação, pois sei como fazer o trabalho.
- Não vou fazer isso.
- Por quê? Não é nenhuma mentira. Realmente, eu já sei o que fazer no trabalho.
- E seria no lugar de quem?
- Preciso muito entrar nesse grupo. É a minha chance de me aproximar da Helena novamente. Use sua relação com o Juan e peça que ele entenda.
Teresa fica pensativa. Não sabe o que fazer. A escolha é difícil, abrir mão de conviver com o namorado em favor de ajudar o amigo.
- Por favor, Tetê. – Leo apela e segura a mão da amiga com força.
Depois de um tempo, ela concorda:
- Tudo bem. Vou tentar.
- Valeu, garota! – e dá um forte abraço na amiga – Você sabia que eu te amo?
- Agora você me ama. Queria ver se eu tivesse negado o seu pedido.
- Eu continuaria te amando, mas só um pouquinho.
- Você já resolveu a sua parte?
- Como assim?
- Você já falou com o Sid? Vocês sempre fazem os trabalhos juntos.
Leo tinha esquecido o amigo, mais uma vez. Porém, sabe que terá que contar com a compreensão dele novamente.
- Vou pedir a ajuda dele também, da mesma forma que pedi a sua.
- Está bem. Vou procurar o Juancito e iniciar a sua armação.

- Não fale assim. Parece que é algo errado. Chame de plano de ação, que fica mais bonito.
- Está bem. Fui!

Os amigos se despedem com um longo abraço. Teresa sai à procura do namorado para pedir sua ajuda, e Leo atrás de Sid para contar seu plano e pedir sua compreensão.

Leo consegue criar mais uma oportunidade de se aproximar de sua paixão. Dessa vez, contando com a ajuda de seus amigos. Ele fica esperançoso, pois está mais maduro e confiante, depois de trilhar uma grande jornada de aprendizado.

---

### PARA PENSAR...

1. Depois que toma um fora de Teresa, Sid fica muito triste. Leo oferece total apoio e acaba sendo decisivo para sua recuperação. Qual a importância da ajuda dos amigos nessas situações?
2. Conversando com a professora, Leo destaca características empreendedoras em Colombo e explica a diferença entre empreendedor e empresário. Você concorda com essa diferenciação? O que faz com que Colombo possa ser reconhecido como um navegador empreendedor?
3. Na conversa com Leo, Alexandre apresenta os conceitos de interdependência e *networking*. Você concorda com ele que devemos buscar a ajuda uns dos outros, mas sem gerar dependência?
4. Você concorda com Alexandre que disse que para um grupo ser bem sucedido, não deve haver concordância cega em tudo? Por quê?

---

\* \* \*

# Lição 7: Nunca desista! Siga em frente!

## CAPÍTULO 38

Sábado. Lançamento da "Escola Da Vinci". No carro da família Gantes, Leo tenta acalmar a ansiosa Joana, mais nervosa que o próprio Carlos.

- Calma, mãe, que nervosismo é esse?

Ela tremia enquanto tentava passar o batom.

- Pare com isso, Leo. Você sabe como eu sou nervosa e não é agora que vou mudar. Ainda por cima, seu pai me apressou e nem tempo para passar o batom com calma eu tive.

- Jô, eu estou deixando você à vontade. Se quiser ficar nervosa, fique, pois não vai me afetar. Agora, também não quero que fique me culpando. O coquetel começa daqui a vinte minutos e estamos atrasados. Você levou mais de uma hora para se arrumar e não conseguiu terminar. Não podia deixar sua moleza nos atrasar.

- Carlinhos, as mulheres são assim mesmo, você sabe. Não precisava te explicar isso a essa altura do campeonato.

Joana já de batom, vira-se para trás e tenta orientar seu filho.

- Leo, você verá que as mulheres são assim mesmo. Querem sempre estar lindas e isso requer uma preparação minuciosa[103]. Espero que você seja mais compreensivo que seu pai.

Leo se lembra do dia em que saiu com Helena. A menina chegou na hora e não precisou de uma super produção para estar bonita. Logo, sua experiência de vida contraria em 100% o que sua mãe disse. Porém, ele não quer se aborrecer e concorda balançando a cabeça em silêncio.

Mais quinze minutos e a família chega ao local do curso profissionalizante "Escola Da Vinci". Ele estaciona em frente, em uma das três vagas reservadas para os sócios-diretores. Leo se impressiona com a fachada. O prédio estava todo pintado de amarelo e azul singelos, além de um grande letreiro com o telefone e onde se lia: Escola Da Vinci – Profissionalizante.

---

103 Minuciosa: detalhada, cuidadosa

- Caramba, pai, o prédio está super maneiro!!!

Joana também adora. Emocionada, observa a estrutura de cima a baixo, e seus olhos se enchem de lágrimas. Seu marido chega ao seu lado e segura uma de suas mãos.

- E aí, Jô? Gostou?
- Meu amor, estou muito feliz! Que máximo! Que realização! Se eu estou assim, fico imaginando você, que sonhou a vida inteira com um negócio próprio.

Carlos, apesar de muito sensível, não costuma chorar com facilidade e responde:

- Pois é, realmente, hoje é um dia muito especial. Durante tanto tempo sonhei com este momento. Agora, não tenho mais patrão, tenho autonomia e meus ganhos serão proporcionais a minha dedicação. Ficarei com a maior parte do bolo, e meu crescimento depende das minhas escolhas e do meu desempenho.

Joana fica ainda mais feliz em ver tamanha empolgação de seu esposo.

- Entretanto, tenho que ter muito cuidado. As pessoas acham que ser empresário é fácil. Você monta um negócio, bota as pessoas para trabalhar e viaja para *Cancun* a fim de gastar os lucros. Realmente, não terei patrão, mas minha responsabilidade será ainda maior, porque terei que dar o exemplo, se quiser ser um bom líder. Terei mais autonomia, mas não total, pois tenho sócios, e sou responsável pela manutenção de vários empregos. Meus ganhos serão maiores, mas o trabalho também, pois o "boi só engorda com o olho do dono". Além disso, os riscos também, e sempre que a empresa crescer, minha responsabilidade e *stress* também aumentarão.

- Uau! Acho que vou arquivar minha ideia de abrir um Café. Depois de tudo que você falou, prefiro continuar como funcionária.

- Ser empregado não é de todo ruim. Existem vantagens nessa posição que o mantenedor[104] não tem. Por isso, quando um cidadão pensa em ser um empresário, deve analisar os prós e os contras com cuidado e avaliar se o seu perfil se encaixa nas habilidades necessárias para que tenha sucesso.

Joana fica pensativa, e Carlos encerra o debate filosófico:

- Analisar, decidir o que é melhor e agir. Não tenho vergonha de dizer que tenho alguns arrependimentos na vida, um deles é esse. Eu queria ter tentado um negócio próprio antes. É um sonho antigo, que amadureci com o tempo. Tenho o perfil e os talentos necessários. Pelo menos, eu acertei na lição mais importante, que me trouxe até aqui: eu não desisti.

---

104 Mantenedor: proprietário, dono do negócio

Joana e Carlos se abraçam. A esposa borrando a maquiagem feita às pressas, com seu choro. Leo ouviu toda a conversa e já está impaciente.

- Mãe, pai, vamos entrar. Aqui fora não é lugar para ficar namorando, e, além disso, estou morrendo de fome. Vamos aos salgadinhos!

Joana e Carlos se separam e entram de mãos dadas, seguidos pelo filho do casal.

\* \* \*

Leo vagou pelo coquetel sozinho. Sid não pôde ir, devido a compromissos familiares, Teresa tinha combinado de sair com Juan e não tinha clima para chamar Helena. Aproveitou o evento para curtir um momento família e dar uma moral para o seu pai, em um dia tão importante para ele. Na organização do evento, os sócios-diretores fizeram um *check-list*(lista com tarefas a fazer) e cumpriram à risca. Além de amigos e familiares, por questões afetivas, obviamente, procuraram chamar as pessoas de seu *networking* ou com poder de influência sobre o negócio. Assim, o encontro estava cheio de representantes de empresas parceiras, da subprefeitura, associação de moradores, gerente do banco e até concorrentes, por que não? Leo tinha de se esforçar, pois para ele estava um saco! Várias pessoas desconhecidas e com conversas restringidas a negócios. As coisas só melhoraram quando ele esbarrou com seu tio, que conseguiu um tempinho para trocar uma ideia.

- E aí, Leo? E a garota?

Leo quer fazer uma surpresa e muda de assunto.

- Hoje é o dia de vocês. Não quero falar dela. Você está feliz?
- Estou. Nestes momentos tão especiais, nós ficamos reflexivos, lembramos a nossa vida e fazemos juízos[105].

Alexandre segura uma taça de champanha e surpreende-se com o que acaba de dizer. Olha espantado para Leo e diz:

- Caaaara! Pareço um velho falando isso! – e dá uma risada que demonstra a satisfação de um homem realizado.
- Que isso, tio! Todo mundo passa por isso. Eu mesmo já tive meus momentos *flashback*.

- Então, posso falar? Tem certeza de que quer me ouvir?

---
105 Juízos: julgamentos

Leo olha ao redor e continua sem reconhecer ninguém. Sem opções...
- Lógico, tio, será um prazer – responde dissimuladamente[106].
- Fui um jovem muito irresponsável. Na sua idade, não queria nada com os estudos. Sua avó praticamente me expulsou de casa, enviando-me para os Estados Unidos. Fiquei com raiva dela, na época. Hoje, vejo que foi a melhor coisa que me aconteceu. Na América, aprendi tudo na marra. Tive que me sustentar e passei por um trabalho pior que o outro. Criei juízo e aprendi a me virar. Se eu tivesse continuado aqui, provavelmente, não chegaria a lugar nenhum. Felizmente, deu tudo certo e hoje estou aqui.

Leo naturalmente faz uma comparação do que acaba de ouvir com o que seu pai disse, momentos antes, na porta da escola. Percebendo duas cabeças diferentes e tendo identificação com ambos, pergunta:
- Meu pai disse que sempre sonhou com esse dia, e você?

Leo levanta uma questão que exige um pouco mais de seu tio. Depois de alguns segundos, ele responde:
- Seu pai sempre foi certinho, assim como sua mãe. Sempre foram bons alunos. Eu não, sempre fui o errado, pelo menos até um tempo atrás. Acho que seu pai sempre sonhou com esse momento, desde o Ensino Fundamental, pois já tinha maturidade para isso. Eu era muito alienado[107]. Não pensava muito sobre as coisas, não refletia sobre minha vida e minhas escolhas. Quando estava na América, por conta própria, a ficha caiu, e eu passei a querer algo melhor para mim. Uma renda melhor e certa. Resumindo, diria que passei muito tempo da minha vida sem sonhar, mas, quando eu comecei, não parei mais e fiquei obcecado pelos meus objetivos.

- Não entendo uma coisa. Meu pai sempre foi certinho e você não. Porém, hoje vocês estão em igualdade...
- Já sei o que você vai dizer – Alexandre corta o sobrinho. – Por que eu devo estudar? Vou te contar... se tem algo que eu me arrependo, é não ter estudado mais. Veja, eu sou um cara empreendedor, mas não tenho conhecimento sobre administração. Se eu tivesse estudado, poderia abrir o negócio sozinho. Se eu tivesse estudado, não precisaria ter trabalhado como servente, entregador de pizza, garçom, segurança entre outras profissões exploradas, que pagam uma mixaria.
- Tudo bem, tio, eu entendi. Inclusive, estou indo para casa para estudar! Tchau! – Leo finge se despedir e brinca com Alexandre.

---

106 Dissmuladamente: enganosamente, disfarçadamente
107 Alienado: pessoa fora da realidade

- Foi interessante pegar as diferenças de trajetória entre mim e seu pai. Acho que gerou um aprendizado para você. Pensando de forma contrária, você percebe o que temos em comum?
Leo acostumado com esse tipo de reflexão, responde rapidamente, surpreendendo seu tio:
- Sim. Vocês atravessaram dificuldades diferentes. Meu pai acabou preso a um trabalho bem remunerado, mas que o deixava infeliz; e você ralou muito nos Estados Unidos em empregos ruins. Porém, ambos persistiram, poderiam ter desistido com toda dificuldade, mas foram decididos e mantiveram o sonho vivo.
- É isso aí, por isso eu te digo:

**Nunca desista! Siga em frente!**

Alexandre estica a mão e cumprimenta seu sobrinho, quando é convocado por Fernando. Ele pede licença e caminha até o centro do salão. Lá, encontra Carlos que espera com uma taça de champanha nas mãos, também. Fernando pede silêncio tilintando uma colher em sua taça, e, com os três no centro, inicia seu discurso de agradecimento, seguido de um brinde.

Enquanto seu padrinho discursa, a imaginação de Leo voa. A felicidade pela realização de seus familiares o estimula a fazer planos para sua vida. O exemplo paterno é a melhor forma de ensinar, e para ele a Escola Da Vinci já gerou benefícios. Afinal, tudo começa com um sonho.

\* \* \*

# CAPÍTULO 39

No domingo após a inauguração da Escola Da Vinci, o dia foi de muita comemoração. Carlos estava em uma felicidade que não cabia em si. Depois de acordar Joana e Leo às oito horas, para tomarem um café da manhã especial preparado por ele, avisou que iriam almoçar fora de casa, em uma churrascaria super cara.

- Hoje, temos muito a celebrar. Jô, não se preocupe com o almoço. Não vamos economizar em uma data como essa!

Leo, ao mesmo tempo que compartilha a felicidade de seu pai, precisa avisá-lo que assumiu um outro compromisso.

- Pai, que horas nós vamos?
- Sei lá, filho, hoje estamos sem programação, vamos deixar fluir. Quando a fome pintar, nos arrumamos e saímos.
- Poxa, pai, não vai dar.
- Que é isso, filhão? Você adora essa churrascaria! Hoje é dia de comemoração!
- É verdade, mas eu tenho trabalho para fazer.
- Leo, hoje estou tão feliz, a família está tão feliz, que teremos presentes para todos. O seu, adivinha qual é? Vou te liberar de fazer essa tarefa. A professora pode mandar a anotação que assinarei sem brigar com você.

Leo sonhou tantas vezes ouvir isso de seu pai, que ficou até triste de ser justo naquele domingo, em que havia combinado de ir até à casa de Helena, para fazer o trabalho sobre empreendedorismo. Ele não pode perder essa chance, que Teresa conseguiu com tanto esforço, mas não sabe como explicar isso:

- Pô, pai...

Carlos está tão empolgado com o resultado do lançamento do dia anterior que nem percebe que o comportamento de seu filho está diferente.

- Poxa, o quê? O que houve, Leonardo? Parece que você não acompanhou a dedicação de seu pai ao longo desses meses. Você não está percebendo a minha felicidade, o meu senso de realização. Parece que você não se tocou que quero dividir este momento especial com as duas pessoas que mais amo na vida. Você fica aí cheio de "poxas" e "pôs"...

A bronca de Carlos foi pesada. Ele apelou para o lado sentimental, e Leo se sentiu constrangido[108].

- Fala alguma coisa... Fica aí calado... Explique-me esse seu comportamento?

---

108 Constrangido: acuado, envergonhado

Por um segundo, Leo pensou em desistir. Ligaria para as meninas, diria que pintou um compromisso familiar e não iria. Entretanto, se ele fizesse isso, não estaria sendo sincero com seu pai e com seus sentimentos. Então, respirou fundo e abriu o jogo:

- Pai, você quer saber mesmo? – pergunta e observa seu pai concordando com a cabeça – Vou te contar.

Ele começa a relatar desde o primeiro momento em que viu Helena na sala. Consegue explicar, com maturidade, o que sentiu em cada situação, nas vitórias e nas derrotas. Obviamente, sintetizou a história e, depois de vinte minutos, seu pai estava boquiaberto e contente com o que acabara de ouvir:

- Filho, não sei o que te dizer.
- Você entende agora o meu comportamento?
- Lógico. Foi muito legal ouvir a sua história por vários motivos. É muito bom para um pai perceber o crescimento de seu filho. Ontem, você era um bebê e hoje já está namorando. Fiquei impressionado também com a maturidade que você desenvolveu ao longo desse processo. Você aprendeu e ensinou muito também. Algumas vantagens competitivas que desenvolvemos na "Escola Da Vinci" foram ideias suas e consequências dessa jornada que você trilhou. E para terminar, fico feliz de você confiar e dividir isso comigo.
- Estou liberado?
- Não.

Leo já contava com a resposta positiva de Carlos e olha de forma incrédula[109] para seu pai quando ouve a resposta.

- Você não aprendeu que é importante envolvermos as pessoas em nossos planos? Pois a família irá comemorar hoje e precisamos de você.

Leo abaixa a cabeça e sente o duro golpe de seu pai.

- Tudo bem, pai – aceita, arrasado.

Ele abandona a conversa e caminha na direção de seu quarto. Abre a porta devagar e deita em sua cama. Olha o pôster do Batman e imagina que finalmente tem uma noção da tristeza que o herói sentiu, no dia em que perdeu os seus pais. O garoto nunca sentiu tamanha frustração. Segura a lágrima que ameaça escorrer de seus inchados olhos.

- Sabe o que eu acho?

Carlos entra no quarto abrindo a porta de supetão, dando um susto em Leo, que se prepara para ouvir um sermão.

---

109 Incrédula: que não acredita

- Acho que seu tio Alexandre é um péssimo professor.
- Por quê? – Leo consegue forças para perguntar.
- Você aprendeu muito sobre empreender, mas, quando precisou, esqueceu a lição mais importante.
- Qual é? – Leo pergunta curioso, enquanto esfrega os olhos.
- Ele te disse que "tudo começa com um sonho", não foi?

O garoto concorda com a cabeça.

- E o que lhe disse sobre desistir?
- Disse para nunca desistir.
- Parece que você não aprendeu.
- Por que está me dizendo isso, pai?
- Você me conta uma história super legal, me faz um pequeno pedido, eu digo não e você desiste. Nem tenta argumentar.
- Então...
- Você não ouviu ontem eu conversando com sua mãe sobre o meu sonho de um negócio próprio? E você reage assim, hoje? Eu neguei o pedido para te testar, para ver até aonde você estava disposto a ir para conquistar essa menina. Agora, eu acho que você não gosta muito dela.
- Pai, você não tem ideia de quanto eu a amo. Eu sonho com ela, acordo, passo o dia inteiro e vou dormir pensando nela.
- É mesmo? Por que desistiu tão fácil?
- Não queria ser mal-educado.
- Os pais sempre querem o bem dos filhos. Muitas vezes erramos, mas deve sempre existir espaço para o diálogo. Você podia ter argumentado que o trabalho era de tarde e à noite poderíamos sair para comer uma pizza, por exemplo. Insistido em mostrar que está apaixonado por ela e que seus amigos fizeram um esforço para que essa oportunidade fosse criada....
- Posso ir? – Leo corta, ansioso por uma nova resposta.
- Lógico que pode.

Leo levanta de sua cama e dá um abraço empolgado em seu pai.

- Valeu mesmo, pai!
- Você só fica me devendo uma coisa. Preciso conhecer essa menina que está tirando meu filho da convivência familiar.
- Com certeza. Quer conhecê-la agora?
- Você tem alguma foto dela?
- Pai, você é velho mesmo. Parece que não conhece a internet.

- Tinha esquecido esses *sites* de relacionamentos. Ligue o computador e me mostre então.

- Está bem.

Leo liga o computador animado, enquanto vai descrevendo Helena sob sua perspectiva[110]. Depois, se lembra que existe mais uma pessoa envolvida na história.

- Pai, e a mamãe?

- Deixe-a comigo. Vou aproveitar essa oportunidade que você criou, ao optar por outro programa, e mudarei nossa agenda.

- Como assim?

- Vou aproveitar e levá-la a um outro lugar, que só podemos ir a dois.

- Qual lugar?

- Esse, filho, eu acho que você vai levar um tempinho maior para conhecer. Assim, eu espero...

---

**PARA PENSAR...**

1. Carlos explicou para Joana que quando estamos frente a uma decisão, devemos analisar, decidir a melhor opção e agir. Por que esses três passos são fundamentais?
2. Alexandre ensina para Leo uma última lição muito importante: nunca desista! Siga em frente! Você concorda com ela?

---

\* \* \*

---

110 Perspectiva: visão

# Aplique o que você aprendeu

## CAPÍTULO 40

14:00 era o horário combinado. Helena morava em uma vila, no mesmo quarteirão de Leo. Ele já tinha imaginado algumas vezes como seria pegá-la em sua casa para ir ao cinema. Inclusive, já havia cronometrado o tempo: seis minutos e quarenta e sete segundos de porta a porta. Como não queria chegar cedo e parecer ansioso ou atrasado e parecer irresponsável, saiu de casa exatamente às 13:54.

Em média, compromisso com horários não é o forte dos adolescentes, e ele foi o primeiro a chegar. Tocou o interfone no portão da vila e se identificou. A mãe de Helena perguntou a ela se estava esperando "um tal de Leonardo", e o menino teve a entrada autorizada. Leo caminhou até a porta da casa, onde Helena esperava com seu tradicional sorriso. Leo tentou interpretar seu gesto, mas nada conseguiu, pois a garota era sempre simpática daquela maneira, nem um pouco mais e nem um pouco menos.

- Leopontual, você chegou...

Um ponto contra. Helena havia parado de brincar com seu nome, quando saíram, e agora voltou.

- Cheguei na hora, não é? É que eu moro aqui do lado, você sabe.
- Sei, sim. Venha, pode entrar.

Ela entrou na frente e nem deu chance para aquele cumprimento tradicional de dois beijinhos nas bochechas. Outro ponto contra.

- Com licença – Leo entra na sala e demonstra educação.
- Oi, menino, pode entrar – um senhor magro e de óculos, esparramado no sofá, o recebe, demonstrando carinho.
- Leo, esse é meu pai.
- Tudo bem com o senhor? – Leo estende a mão para cumprimentar aquele que ele espera que se torne o seu sogro.
- Tudo – o senhor olha Leo com estranheza, enquanto estende a mão para responder ao cumprimento. Depois afirma: Helena, há algo errado com esse menino.
- O que houve, pai?
- Esse menino é diferente.

Leo fica nervoso e inseguro. Ele gostaria de passar algumas impressões positivas, mas diferente não seria uma delas.

- Ele é diferente ou tem intenções diferentes? – pergunta uma senhora que sai da cozinha.
- Não tem nada de diferente nele – Helena responde a pergunta com olhar de reprovação para a senhora. – Leo, essa é a minha mãe.
- Tudo bem? – e se dirige até ela cumprimentando com os tradicionais dois beijinhos.
- Estou falando... – insiste o pai.

Leo já fica um pouco irritado e tem vontade de perguntar: *Diferente por que, seu magricelo? Você é que é normal, não é, Esqueleto?* Porém, mesmo acuado, permanece sem responder.

- Esse menino é muito mais educado que todos os outros amigos da Helena, incluindo as meninas. Nenhum foi tão simpático conosco – justifica o senhor.
- Ahhh... eu sei o porquê – a mãe deixava claro que sabia de algo, que o pai não sabia, mas, antes que a situação "explanasse[111]", Helena interveio.
- É porque a família dele é educada e deu a ele uma boa formação, diferentemente da minha que fica fazendo observações inconvenientes sobre o convidado que aparece pela primeira vez – e sai arrastando Leo para o seu quarto.

Leo fica um pouco confuso. Percebeu que a mãe sabia que eles tinham saído e o pai, não. Contudo, não entendeu ao certo porque Helena queria esconder do pai. Chegando ao seu quarto, resolveu perguntar:

- Helena, seu pai não sabe que nós saímos?
- Não – ela responde com firmeza.
- Por quê?
- Sabe como **é** um pai com sua filha, um SACO! O meu não é diferente e iria ficar perguntando um monte de coisas.
- Mas sua mãe sabe?
- Sabe. E ela é metida a engraçadinha, fica soltando piadinhas...
- Seu pai não percebe?
- Não. Sabe como é um pai com sua filha, um TONTO que acha que sabe das coisas.

Leo gostou das respostas de sua garota. Gostou de sua personalidade, pois demonstrou ser muito segura de si. Achou muito útil que seu sogro não soubesse da história deles, porque eles são realmente um saco!

---

111 Explanasse: aparecesse, ficasse exposto

Capítulo 40 • **201**

- Não tem problema ficarmos aqui, sozinhos?
Leo perguntou na intenção de ser educado e nem percebeu que havia um duplo sentido. Porém, Helena era mais esperta que ele.
- Qual seria o problema, Leofolgado? – com voz e semblante[112] desafiador.
Ele podia seguir o *script* de um menino educado com boas intenções, como se comportou até agora, mas se lembrou do aprendizado pós-primeiro encontro:
- *Tenho que ser espontâneo! Falar o que penso. Falar o que sinto!*
Resolve arriscar.
- Você não sabe? – com voz e jeito de conquistador barato de novela mexicana.
- Não – Helena continua a fazer seu papel de donzela inocente.
- Eu poderia te agarrar e te dar um beijo... por exemplo.
Uau! Agora, Leo vira o placar e acerta na mosca, mesmo sem querer. Helena tinha personalidade forte e estava esperando que Leo demonstrasse segurança e certeza do que queria. Ele, além de demonstrar isso tudo, conseguiu colocar a menina, que estava sempre no comando, em uma situação em que não sabia o que responder. Eles se olham, o clima é perfeito, rolou uma química, e a porta está encostada. Ela fica em silêncio, ele resolve insistir:
- Não é? Eu poderia...
Leo espera um pequeno gesto que denote concordância para dar o passo final, quando a dupla ouve um som.
Trinnnnn!
Leo acha o barulho do interfone o pior-de-todos-e-melhor-corta-clima-do-universo-inteiro!
- Acho que é uma das meninas. – ela fala, um pouco sem graça.
- É. Deve ser mesmo. – concorda, desanimado.
- Vou ver.
Ela sai do quarto, deixando Leo na mais pura adrenalina.
- P¥µ¢¢¿Ɓ×ⱭⱭᴙЄ£ΦѰΦΦѰ✱ - ele pensa, enquanto deita na cama e soca o travesseiro.
Depois, lamenta mais um pouco:
- P¥µ¢¢¿Ɓ×ⱭⱭᴙЄ£ΦѰΦΦѰ✱.
A porta se abre repentinamente, Leo levanta da cama de supetão.
- E aí, Débora, tudo bem?
- Comigo tudo, mas com você... que cabelo despenteado é esse?
A frustração do garoto agora está visível para todas as demais meninas do

---
112 Semblante: rosto, fisionomia

grupo que chegaram juntas e não entendem porque ele estava deitado na cama de Helena sozinho e todo descabelado.
- É um novo estilo. Vi na televisão.
- Só se foi no *Animal Planet*, porque está parecendo a juba de um leão – comenta Renata, enquanto Teresa ri sozinha ao fundo.
- Vamos falar do trabalho? – Leo tenta escapar daquela situação cômica[113].
- Boa ideia! Vamos porque é domingo, e já são quase duas e meia.
Leo fica aliviado, enquanto Teresa continua a segurar o riso com a mão na frente da boca.
Os membros do grupo começam a buscar, cada um, uma posição confortável no apertado quarto de Helena. Leo, sem graça, depois de toda a situação, fica de pé, enquanto as amigas mais antigas se posicionam nos lugares mais confortáveis do quarto. Teresa senta na pequena cadeira à frente do computador. Helena vai até a cozinha, buscar dois bancos para ela e Leo.
Todos acomodados, a reunião inicia com Teresa liderando o pensamento do grupo, como faz em todos os trabalhos de que participa. Helena faz algumas observações, enquanto os três demônios parecem estar em outra dimensão.
- Acho que sobre a nossa organização é isso. Seria interessante que o Leo explicasse o tema um pouquinho para nós – sugere Teresa, dando um piscadinha de olho como se dissesse: "Vai, moleque! Detona!"
Ele inicia sua apresentação. No início, um pouco nervoso, engasga-se algumas vezes e erra tempos verbais, que são corrigidos por Teresa. Depois, vai ganhando confiança e consegue prender a atenção das meninas com as lições que aprendera nos últimos tempos. No final, arrancou uns "Uhus!" de todos.
- Gostaram? Entenderam? – ele pergunta.
- Sim. Muito maneiro isso tudo, hein – elogia Aline.
As outras meninas também elogiam, e Teresa se mantém objetiva.
- Então, o Leo fará uma apresentação inicial, ok?
Todos aceitam.
- Leo, está muito bom. Tente não errar os verbos, que ficará show – Teresa orienta, e Leo concorda.
A empolgação foi tão grande que chamou a atenção do pai de Helena, que estava na sala. Ele abriu a porta do quarto e perguntou:
- Que animação, meninas! Posso perguntar o que vocês estão fazendo?
- Já perguntou, pai – ironiza Helena

---

113 Cômica: hilária, engraçada

- Tio Charles, estamos fazendo um trabalho de Empreendedorismo – responde Débora.
- É mesmo? É trabalho da escola?
- Sim. O senhor sabe o que é? – responde Débora, mais uma vez.
- Lógico. Na Fundação, tivemos treinamento sobre isso e as lideranças estão sempre falando sobre a importância de inovar, empreender.
- Helena, talvez seu pai possa nos ajudar. – sugere Teresa – Pergunte a ele?
- Está bem. – ela concorda um pouco contrariada - Pai, a professora pediu para escolhermos um personagem da história que tenha tido atitudes empreendedoras, contar sua história e destacar o comportamento empreendedor – explica Helena.
- Acho que entendi.

Ele pensa um pouco e pergunta:
- Tem que ser empresário?
- Não – todos respondem ao mesmo tempo. Deixando claro que, depois da explicação de Leo, elas entenderam que, para ser empreendedor, não precisa ser empresário.
- Os empresários de uma forma geral são empreendedores, mas nem todo empreendedor é empresário. O importante é entendermos e aplicarmos o pensamento empreendedor, independente da área – Leo explica com ar de professor e impressiona o candidato a sogro.
- Legal... como é seu nome mesmo, menino?
- Leonardo.
- Gostei da sua explicação. Tenho uma sugestão para vocês. Façam sobre meu xará: Charles Darwin.
- Quem? – pergunta Aline.
- Darwin, o cientista famoso pela teoria da Evolução – explica Helena.
- "Seu" Charles, gostei da sugestão. Vamos discutir outros nomes, mas Darwin é uma boa opção. – Leo pondera. Ele queria muito fazer com algum personagem sobre quem tivesse pesquisado, até porque daria um show e já estava adiantado, mas resolveu puxar o saco do sogro.
- Está bem. Espero ter ajudado. Vou deixar vocês terminarem. Até logo! – Charles se despede, fecha a porta do quarto, mas sua impressão de que tem algo estranho com esse menino Leonardo aumenta.
- Leo, você realmente acha Darwin um bom nome? – pergunta Teresa.
- Acho que os grupos deverão escolher empresários como Bill Gates e Sílvio Santos. Então, seria um diferencial se fizéssemos com um personagem inesperado.

Darwin seria um bom nome, mas eu não sei nada sobre ele – Leo responde.

- Meu pai sugeriu esse nome porque é biólogo e conhece tudo sobre sua obra. Eu poderia ficar responsável pelo conteúdo da pesquisa sobre ele. Vai ser bem fácil – propõe Helena.

- Por mim está fechado e por vocês, meninas? – Teresa concorda e pergunta a opinião das outras meninas, que pouco falaram durante a reunião.

- Tudo bem – Débora responde e as outras duas concordam.

- Então, vamos resumir para que todos possam acompanhar: Leo montará a apresentação com os conceitos de empreendedorismo, e Helena com a pesquisa sobre Darwin; depois eles enviarão para mim, eu montarei uma apresentação única e padronizada, dividirei a parte que cada um apresentará e enviarei para todos por e-mail, ok?

Todos concordam e começam a se preparar para ir embora. Durante a reunião, Leo e Helena trocaram olhares carinhosos. Ele percebe que o clima criado antes do encontro não esfriou e, apesar da dificuldade de estar com todas as amigas de Helena no quarto, está decidido a não desistir. Só precisa descobrir como. Resolve observar o comportamento dos demônios para identificar a oportunidade e traçar sua estratégia. Teresa pede para ir ao banheiro. Renata se levanta da cama e pede para Helena:

- Posso ligar seu computador e entrar no *chat*?

- Pode – Helena permite.

Pronto. Leo precisa ter iniciativa e ser rápido.

- Meninas, tenho que ir.

- Já vai, Leo? Fique aqui conversando conosco – pede Débora.

- Acho melhor não. Eu iria atrapalhar as fofocas femininas que vocês têm para fazer e combinei de jantar com meus pais.

- Mas são cinco horas da tarde. – adverte Aline.

- É verdade... – Leo concorda enquanto olha para seu relógio. – Mas tenho que ir mesmo. Valeu, meninas! Estarei fazendo o trabalho até terça e enviando. Beijos! – e se despede sem cumprimentar individualmente cada uma, para não perder tempo.

Helena prontamente abre a porta do quarto e acompanha Leo até a saída da casa, por educação. Leo atravessa a sala e se despede dos pais da menina que, sentados no sofá, assistiam a um filme da televisão. Helena abre a porta da sala, e Leo sai sem se despedir. Porém, do lado de fora olha para Helena, que está encostada na porta, e pede baixinho, quase sussurrando:

- Me leve até o portão.

Ela se vira, olha de "rabo de olho" para seus pais, que nem prestam atenção, e avisa que acompanhará o "colega" até o portão. O pai libera com um gesto com uma das mãos, e a mãe dá uma piscadinha com o olho direito. Helena sai e encosta a porta, com delicadeza. Os dois caminham lado a lado na rua da vila, Helena pergunta ainda baixinho:

- Você não sabe o caminho até o portão? Por que quer a minha companhia? – ela resolve testar interesse do menino.

- É lógico que eu sei, e por que você não usou o botão automático do interfone? – ele mantém sua espontaneidade e confiança.

- Acho que está quebrado – ela brinca com a situação.

- Funcionou quando eu cheguei...

Eles riem, e se olham com afeto. Leo quase dá um beijo nela, mas um menino, que joga futebol na vila, chuta uma bola em sua perna, tirando a atenção do casal. Mais dois passos, ele escorrega seus dedos pelo antebraço de Helena e segura sua mão, ela responde positivamente cruzando seus dedos com os dele e sorrindo.

- Eu queria ter feito isso naquele dia no *shopping*. – ele comenta.

- E por que não fez?

- Achei que você estava triste, chateada, sei lá. Não rolou um clima.

- Isso é verdade. Por que você estava tão estranho naquele dia? Parecia um robô.

- Quando eu te vi pela primeira vez, fiquei "de cara" louco por você. Eu não sabia o que fazer para te conquistar e pedi a ajuda do meu tio. Ele acabou de abrir uma empresa com meu pai e meu padrinho, então ele me deu dicas sobre empreendedorismo, que utilizei em nosso encontro.

- Que coisa fria! – observa Helena, mas sem demonstrar irritação.

- Pois é... hoje eu concordo com você que fui um idiota. Porém, naquela época eu estava inseguro e não sabia muito bem o que fazer.

- Por isso você sabe isso tudo que explicou para nós?

- Exatamente. Não deu certo em nosso primeiro encontro, porque eu exagerei, mas tudo que eu aprendi me ajudou muito.

- Você estudou e aprendeu isso tudo por minha causa? – pergunta, lisonjeada.

Leo concorda com a cabeça e complementa:

- Você é a garota dos meus sonhos, literalmente[114].

Ela ri e pergunta:

- Como assim?

---

114 Literalmente: sem segundo sentido, seguindo o significado das palavras

- Dias antes de te conhecer, eu sonhei com você.
- Como é possível? Você nunca tinha me visto.
- Sonhei que namorava uma mulher loira, de olhos claros, como você. Aliás, era você.

Helena acha um certo exagero a declaração de Leo, mas ele ficou uma graça falando aquilo.
- Então, você fez isso tudo por causa do sonho.
- Em um primeiro momento, sim. Fiquei hipnotizado pela sua beleza. Você é muito linda!

Helena ri, encabulada[115] com o elogio. Leo continua:
- Depois, descobri que você não era só um rostinho bonito. Quando eu te conheci de verdade, fiquei ainda mais vidrado.

Eles já estão perto do portão e ela resolve facilitar as coisas:
- Então, você realmente gosta de mim?
- Não.

Eles param e ela olha no rosto dele, surpresa com sua resposta.
- Na verdade, estou apaixonado por você – e avança para o primeiro beijo do casal.

Durante o beijo, Leo treme de emoção. Nunca havia sentido isso antes. Já havia beijado outras meninas, mas apaixonado de verdade foi a primeira vez. Este momento ele nunca mais esquecerá. Assim como Helena, que não demonstrou antes, mas gostou de Leo desde o primeiro dia de aula na escola, então, tecnicamente, antes dele. Ela comentaria mais tarde, com suas amigas, que o beijo fora muito bom e que pensara em Leo o resto do domingo, e a semana seguinte inteira também.

* * *

---

115 Encabulada: envergonhada

# CAPÍTULO 41

A professora de História entra na sala, e Leo com seu grupo aguarda o momento de sua apresentação. Como não havia uma ordem prédefinida, a mestra perguntou se havia algum grupo voluntário para iniciar os trabalhos, mas ninguém se ofereceu. A única solução democrática que restou foi o sorteio. Eram cinco grupos, e a apresentação de Leo foi sorteada para ser a primeira. A professora havia avisado que cada uma deveria durar no máximo dez minutos para que não atrapalhassem o andamento das demais aulas.

Assim, Leo, Helena, Teresa e as demais meninas se prepararam para abrir os trabalhos. O grupo estava nervoso, e Teresa tentou animá-los:

- Vamos lá, galera, é maneiro ser o primeiro! Não vamos ter tempo para ficar nervosos!

Os demais não concordaram muito, mas não tinham escolha. Eles foram até a frente, Teresa entregou o *pendrive* para a professora com a apresentação em *Powerpoint*. Ela colocou no computador plugado ao projetor. Leo iniciou com um resumo sobre os conceitos de empreendedorismo. A professora gostou tanto, que pediu que ele enviasse a apresentação depois para todos os colegas da turma, por *e-mail*.

### O QUE É EMPREENDEDORISMO?

O termo é uma livre tradução da palavra inglesa entrepreneurship e, segundo o dicionário Priberam, significa:

"Atitude de quem por iniciativa própria, realiza ações ou idealiza novos métodos com o objetivo de desenvolver e dinamizar serviços ..."

Apesar de a definição formal associar a atitude empreendedora a ações empresariais e, de fato, a maioria dos exemplos reforçarem, esta ligação não deve ser obrigatória. O empreendedor acima de tudo é aquela pessoa que realiza, executa, constrói. Assim, a ação empreendedora pode ser encontrada em diversas áreas, independente de faixa etária ou classe social. O indivíduo empreendedor, em média, possui como características:

> •Criatividade;
> •Iniciativa;
> •Visão de futuro;
> •Pensamento crítico;
> •Auto-motivação;
> •Persistência.
>
> A atitude empreendedora é fundamental para o crescimento pessoal e social, pois somente com pró-atividade e talento consegue-se romper barreiras e modificar situações desfavoráveis.

Em seguida, Helena fez sua apresentação sobre Charles Darwin, sendo ajudada pelas demais meninas.

- Charles Darwin foi um biólogo do século dezoito e, mesmo sendo um cientista, podemos classificá-lo como empreendedor, pois percebeu a Teoria da Evolução como uma oportunidade de ampliar os conhecimentos científicos da humanidade e teve a iniciativa de buscar evidências para prová-la.

> **CHARLES DARWIN E A BUSCA PELO CONHECIMENTO**
>
> Nasceu na Inglaterra em 12 de Fevereiro de 1809 em uma família abastada[116] e que já possuía uma tradição científica. Seu avô paterno Erasmus Darwin fora um renomado cientista. Charles era o quinto filho da família e foi enviado para estudar Medicina, seguindo os passos do pai. A Universidade de Edimburgo foi fundamental no processo de crescimento científico do rapaz, por ser uma referência de produção e liberdade em suas produções.
>
> Entretanto, Charles demonstrou um desinteresse grande pela Medicina, preferindo passar boa parte do seu tempo observando e coletando espécimes vegetais e animais, especialmente besouros. Como naturalista, Charles se destacou pela capacidade de observação e inquietude na busca por respostas coerentes, assim foi indicado para uma viagem de navio, em que ele poderia praticar o naturalismo.
>
> A viagem foi vista como uma ótima oportunidade para observar e coletar outras espécimes, e, mais do que isso, entender os princípios que

---

116 Abastada: rica, com posses

regulam a natureza. Assim, ele abandonou o luxo em que vivia para embarcar no pequeno Beagle, em uma viagem que durou quase cinco anos. Ao contrário de outros naturalistas, Darwin se interessava pelos porquês e ele os encontrou. As ilhas Galápagos (pertencentes ao Equador) foram os laboratórios perfeitos que Darwin procurava. O arquipélago possuía as condições ideais para o cientista e as pesquisas feitas foram determinantes.

Retornando para seu país natal, ele já era um biólogo renomado. Os anos de pesquisa valeram a pena. No final do ano de 1838, ele formulou a teoria da seleção natural, publicada no célebre livro A Origem das Espécies, de 1859.

Muitos biólogos poderiam ter o seu talento de observação, porém foi sua atitude empreendedora e questionadora que fez toda diferença para ele e para humanidade, colocando-o no hall dos grandes cientistas da história. Charles Darwin teve uma velhice com inúmeros problemas médicos, porém com sentimento de dever cumprido. Morreu aos 80 anos de doença cardíaca.

Após sua apresentação, Leo sentou-se ao lado de Sid e cada grupo que subia no tablado era contemplado com comentários engraçados e fofocas. Os amigos trocavam informações para saber como terminaria a história de cada aluno, já que o final do ano se aproximava. O segundo grupo a se apresentar tinha Chico e Tati entre seus membros.

- Leo, você está sabendo?
- O quê?
- O Chico e a Tati estão ficando!
- Sééééérioo?
- Ah, por que você duvida? Eles combinam.

Leo concorda com a cabeça e depois corta a conversa para prestar atenção ao grupo que escolheu o Barão de Mauá.

- Escolhemos Irineu Evangelista de Souza, mais conhecido como Barão de Mauá porque queríamos homenagear um brasileiro e ele foi um precursor[117] dos empresários nacionais, destando-se no séculos XIX.

---

117 Precursor: pioneiro, que deu origem

## BARÃO DE MAUÁ: O EMPREENDEDOR BRASILEIRO DO SÉC XIX

Irineu Evangelista de Sousa nasceu em 28 de Dezembro de 1813, em um distrito no extremo sul do país, bem próximo do Uruguai. Sua família detinha uma pequena propriedade, e ele perdeu o pai aos seis anos. Sua mãe decidiu casar novamente dois anos depois, e o novo pretendente exigiu que Irineu e sua irmã fossem expulsos de casa. Assim, o jovem Irineu foi entregue a um tio, capitão de uma embarcação.

Aos dez anos, ele chega ao Rio de Janeiro, capital da recém-independente nação e principal porto sul-americano. Desde pequeno, Irineu demonstrava responsabilidade, aptidão para o trabalho e já enfrentava jornadas de treze horas durante sete dias na semana. Depois de trocar de emprego duas vezes, Irineu se torna caixeiro em uma empresa chefiada por um inglês. Seu novo patrão teve papel fundamental na sua carreira. O jovem recebeu vários livros da literatura britânica, aprendeu mais sobre negócios, tornou-se sócio da empresa e viajou para Londres. Essa viagem abriu seus horizontes para a Indústria.

Na década de 1840, ocorreram várias transformações econômicas no Brasil, como o estabelecimento de tarifas protecionistas e financiamentos públicos. Irineu visualizou a oportunidade e, baseando-se em sua experiência londrina, montou uma siderúrgica em Niterói, utilizando verba pública como capital inicial. Já na década de 1850, o pioneirismo do Barão rendeu bons frutos para a sociedade. Iniciando o que mais tarde seria conhecido como parceria público-privada, ele foi o responsável pela implantação da iluminação a gás no Rio de Janeiro e pela construção da primeira ferrovia nacional, que ligaria a capital a Petrópolis, residência de verão da família Imperial. Ele se tornou o homem mais rico do Brasil e sua maior empreitada foi a abertura de três bancos que ampliaram o crédito, ajudando no desenvolvimento do Brasil, Uruguai e Argentina.

Porém, na década de 1860, os negócios de Mauá começam a sofrer uma série de reveses que levariam a sua falência. O calote do governo uruguaio em empréstimos realizados por um de seus bancos, problemas na Estrada de Ferro Santos-Jundiaí e concorrência externa em suas empresas, entre outros.

> Algumas vezes, o empreendedor pediu ajuda governamental para superar as crises, o que foi negado em momentos cruciais. Irineu viu quase todas as suas empresas falirem e o Banco Mauá fechou as portas em maio de 1878. O empresário morreu esquecido em 21 de outubro de 1889, vinte e um dias antes da Proclamação da República. Anteriormente, ela havia escrito uma Exposição aos credores, que viraria livro importante para compreensão da época. Em uma das passagens, escreve amargurado:
>
> "Meu único crime foi trabalhar muito, tendo sempre por norte fazer algum bem."
>
> E fez. Sua atitude empreendedora serviu de inspiração e ele deixou melhorias concretas para a sociedade.

O próximo grupo era liderado pelo Heitor e tinha Juan entre seus membros.

- O Heitor está uma fera contigo – comenta Sid.
- Por quê? – pergunta Leo.
- Não se faça de ingênuo. Ele acha que você "furou o olho dele". Precisava ver a cara dele quando viu você e Helena indo embora de mãos dadas, ontem.
- Não tinha uma placa nela dizendo "Propriedade privada" quando a conheci.
- Se fosse você, eu tomaria cuidado.
- Vocês dois aí na frente. Parem de fofocar. Que coisa feia! Leo, você aprendeu isso no seu curso de Ética – Teresa dá uma bronca nos amigos.

Leo aceita a bronca e resolve parar de falar da vida dos outros.

- Escolhemos um personagem da Antiguidade que estudamos nas aulas de História, no ano passado: Alexandre, o Grande. Ele não foi somente um grande conquistador como outros da Antiguidade, pois tinha ideias sobre mundialização e integração entre os povos, dignas dos grandes filósofos.

## ALEXANDRE, O GRANDE: O MAIOR CONQUISTADOR DA HISTÓRIA OCIDENTAL

Alexandre, o Grande, nasceu em Pella, capital da Macedônia, em 20 de julho de 356 a.C. Apesar de muitas vezes conhecido como Rei da Grécia, Alexandre foi filho de Olímpia e Filipe II, Rei da Macedônia. Na época, os macedônios tinham um poderoso exército e subjugaram as principais cidades gregas, com exceção de Esparta.

Filipe pretendia que seu filho se tornasse um rei melhor do que ele e para isso resolveu lhe dar uma educação formal e convocou Aristóteles, um dos maiores filósofos de todos os tempos, para ser o professor de Alexandre. Ele era um aluno dedicado e interessado e esse fato foi um grande diferencial entre Alexandre e outros conquistadores da antiguidade. Além dos estudos com Aristóteles, desde seus quinze anos, o jovem Alexandre participava e coliderava inúmeras batalhas travadas por seu pai para manutenção e expansão de seus domínios. Alexandre herdou a coroa de seu pai, quando este foi brutalmente assassinado, e pode colocar seus planos em prática. Foi dele a iniciativa de convocar a Macedônia e toda Grécia para conquistar o Império Persa, maior nação conhecida do mundo na época e inimiga há séculos dos gregos.

Se existissem na Antiguidade os conceitos de empreendedorismo, Alexandre seria considerado a maior referência, sem a menor dúvida. Além de manter seu sonho e ter a iniciativa de derrotar os persas, ele conseguiu envolver toda uma nação no mesmo propósito, pois há muito tempo os gregos queriam se vingar dos persas.

Alexandre, além de hábil nas palavras com as massas, foi um dos maiores estrategistas na história. Muitas vezes, os macedônios enfrentaram exércitos muito maiores e mais armados, mas Alexandre sempre criava um novo plano estratégico para vencer as batalhas.

Depois de ser um exemplo de empreendedor e líder, Alexandre acabou cometendo erros comuns e banais. No mundo contemporâneo, a glória de um indivíduo significa fama e fortuna, porém na Antiguidade os grandes homens procuravam realizar feitos notórios para serem lembrados, tornando-se imortais.

Assim, após derrotar a Pérsia e dominar boa parte da Ásia, Alexandre foi seduzido por outro desafio, que nenhum grego havia conseguido: dominar a

Índia. Alexandre, com o passar do tempo, foi sendo tomado cada vez mais pela megalomania e não percebeu que seus homens estavam cansados depois de dez anos de conquistas e viagens, e não viam mais propósito na jornada. Ele também se tornou cada vez mais ditador e se afastou de princípios de aprendera com Aristóteles, que inclusive se envergonhou do que viu seu pupilo se transformar.

Apesar dessas falhas, as contribuições de Alexandre para a humanidade são incontestáveis. Ele criou a primeira biblioteca e disseminou o valor do estudo e da pobreza. Diferentemente de outros conquistadores, ele respeitava e aprendia com a cultura dos povos conquistados, permitindo que os costumes fossem mantidos e agregando indivíduos ao seu exército. Ele não buscou ouro ou terras, mas a construção de uma grande nação grego-asiática.

Infelizmente, ele não conseguiu criar discípulos e, após sua prematura morte, aos 32 anos, seu Império foi dividido entre seus generais, que não levaram adiante às torças culturais e convivência harmoniosa. Nos dias anteriores de sua morte, ele supervisionava a construção de uma base naval na Babilônia, em que trabalhavam macedônios, indianos, persas e fenícios. A hipótese mais aceita é que ele tenha contraído malária.

O próximo grupo era formado pelos alunos mais quietos e nerds da turma. Obviamente, eles escolheram um personagem com quem tivessem identificação: Steve Jobs, presidente da Apple, considerado uma das mentes mais criativas da atualidade. Mesmo não sendo um personagem estudado em sala, a professora achou interessante ter um indivíduo contemporâneo.[118]

### STEVE JOBS E O PODER DA CRIATIVIDADE

Steven Paul Jobs nasceu em 24 de Fevereiro de 1955, em San Francisco, EUA. Steve era filho adotivo, e sua família era muito simples(seu pai era mecânico). Ao contrário de seu contemporâneo e rival Bill Gates, Steve era um péssimo aluno e poderia ter se tornado um marginal. Porém, um professor com incentivos e um vizinho fornecendo pequenos aparelhos eletrônicos ajudaram a despertar o lado empreendedor do jovem.

---

118 Contemporâneo: atual

Aos 21 anos, junto com seu amigo Steve Wozniak, ele fundou a Apple Computer, construindo computadores em seu quarto. Jobs conseguiu capital vendendo sua Kombi, e Wozniak sua calculadora. A Apple surgiu no momento ideal em que ocorria a Revolução da Informática e o aparecimento dos primeiros computadores pessoais. Oito anos após o amadorismo de quarto de Jobs, a Apple lançou, com direito a uma enorme propaganda no *Superbowl*, o Macintosh, o primeiro computador pessoal com recursos de desenho e tipografia. A Apple cresceu ainda mais, e Jobs foi trocado por um executivo mais experiente, sendo obrigado a abandonar a empresa que fundou.

Essa derrota não diminuiu o impulso criativo e empreendedor de Steve. Ela fundou uma outra empresa de informática, a NeXT, que não se concretizou em um grande sucesso. E em 1986, comprou da Lucasfilm, uma empresa que desenvolvia filmes de animação.

A Pixar se tornou um grande sucesso e produziu os maiores sucessos em desenhos animados, como Toy Story(1995), Monstros SA(2001) e Procurando Nemo(2003). Apesar de não ser a grande mente criativa da Pixar(liderada efetivamente por John Lasseter), é inegável sua visão empreendedora.

Entretanto, o mundo dá voltas, e em 1997 ele é convocado para salvar a Apple. Na década de 90, a empresa foi massacrada pelos concorrentes, especialmente a Microsoft que detém 95% do mercado, e estava à beira da falência.

Nesse momento, Steve Jobs fez toda a diferença. Cancelou inúmeros produtos em desenvolvimento que ele não acreditava e gastou energia em produtos com foco no cliente e design arrojados. Assim, ele criou ou pelo menos se antecipou a uma tendência mundial: o entretenimento digital. Foi com essa perspectiva que, além de revitalizar a Apple, ele criou produtos como o iPhone e o iPod, este último com uma estimativa de venda de 500 milhões de aparelhos.

A grande lição que tiramos com Steve Jobs é a importância e o poder da criatividade. Mentes criativas e ideias novas salvaram a empresa e criaram uma série de produtos para os consumidores. Segundo Jobs:

*"A Inovação não tem nada a ver com a quantidade de dólares em Pesquisa & Desenvolvimento. Quando lançamos o Mac, a IBM estava gastando cem vezes mais. É a equipe que você tem, sua motivação e o quanto você entende da coisa."*

Sid era membro do último grupo. Orientado por Leo, ele sugeriu e o grupo aceitou fazer sobre Cristóvão Colombo. Após ele se levantar, Teresa aproveitou e pulou uma cadeira para sentar ao lado de Leo.
- E aí, Leozinho? Como está o Sid?
- Ué, Tetê, não era feio fazer fofoca?
- Não estou fofocando. Só quero saber como está o meu amigo.
- Tudo bem. Ele está bem melhor, pode ficar tranquila. Agora há pouco, comentou sobre o Heitor e não falou nada sobre o Juan. Simplesmente ignorou. Ele não me falou nada, mas estou desconfiado que ele está em outra.

Leo não estava falando a verdade. Falou aquilo para testar o interesse de Teresa, que não correspondeu.
- Que legal! Fico muito feliz por ele – responde Teresa, demonstrando sinceridade.
- Vejo que você está sendo verdadeira.
- É lógico. Não gosto do Sid como namorado, mas o adoro como amigo e quero sua felicidade.
- Silêncio, turma! O próximo grupo vai começar – pede a professora.

Teresa se despede e retorna para sua cadeira. Leo fica feliz em ver como a situação Teresa x Sid terminou. Ela namorando e apaixonada pelo Juan, e ele se recuperando com a situação resolvida em sua cabeça.
- Pessoal, escolhemos um grande descobridor e empreendedor: Cristóvão Colombo – inicia a apresentação Bia, que fazia parte do grupo de Sid:

---

**CRISTÓVÃO COLOMBO E O NOVO MUNDO**

Nascido em Gênova, Itália, em meados do século XV, Cristóvão Colombo tinha quatro irmãos e seu pai era tecelão. Sua cidade natal respirava o mar e desde pequeno o jovem Colombo participou de jornadas de pesca e aprendeu sobre navegação.

Mais tarde fez uma viagem para Lisboa, Portugal, a fim de visitar seu irmão mais velho. Devido principalmente a sua localização geográfica, Portugal fervilhava com a navegação e a tentativa de buscar uma passagem para as Índias pelo sul do continente africano. Esse ambiente seduziu Colombo, que sempre sonhara em descobrir um novo mundo em nosso planeta. Então, ele decidiu ficar em Lisboa e começou a pesquisar e construir o seu projeto de descoberta.

> O que diferenciou Colombo e o colocou como uma das pessoas mais influentes na história foi sua capacidade de construir um projeto inovador e de envolver as pessoas certas. Pautado em suas pesquisas, principalmente na hipótese da esfericidade da Terra, ele propôs chegar até as Índias navegando para o Ocidente. Aproveitou-se da situação da Espanha que, após a expulsão dos mouros, pretendia se lançar nas grandes navegações. Colombo conseguiu "vender" suas ideias para a Rainha Isabel, que ficou impressionada com a paixão do navegador por seu projeto.
>
> Colombo partiu em sua primeira viagem em 3 de Agosto de 1492, comandando três embarcações(Santa Maria, Pinta e Nina), e chegou ao Caribe em 12 de Outubro do mesmo ano, quando sua tripulação já preparava um motim, insatisfeita com a demora não prevista.
>
> Cristóvão Colombo, apesar de julgar ter chegado às Índias em um primeiro momento, entrou para a história ao "descobrir" a América. A capacidade de questionar as convenções da época, aproveitar o momento espanhol, construir um plano concreto e envolver os regentes com suas ideias fizeram dele um grande empreendedor.
>
> Infelizmente, sua vida não terminou como merecia. A Rainha Isabel, sua grande amiga e protetora, morre e a Corte não vê motivos para dar tamanho reconhecimento ao navegador italiano, que não fazia parte da nobreza. Colombo volta de sua quarta viagem à América, desgastado pela velhice, pelas longas viagens e desprestigiado pela Coroa. Ele morreu em 1506 sem reverências, deixando somente seu Diário de Bordo como registro. O reconhecimento só veio séculos mais tarde.

Ao final do último grupo, a professora pediu que todos se sentassem e fez um grande elogio:

- Galerinha, adorei todos os grupos. Vocês fizeram um excelente trabalho. O objetivo era fazer com que vocês aprendessem esses conceitos tão importantes para sucesso pessoal e profissional hoje em dia. A escolha dos personagens serviu para tornar ainda mais concreta a experiência com essas habilidades. Os exemplos foram ótimos e estou muito satisfeita. Parabéns!

Chico puxa um aêêêê!!!, seguido de palmas por toda a turma. Ele ainda tem coragem de perguntar:

- E as notas, fessora, foram boas?

- Sim. Podemos dizer que a grande maioria das médias aumentou com o trabalho – ela responde.
- Então, agora, a senhora pode dizer quem deu a ideia.

A turma cai na gargalhada com a ousadia do aluno mais engraçado do grupo. Porém, a professora calejada[119] não cai na dele.

- Não preciso dizer, Chico. Tenho certeza que ele está bem orgulhoso de si, e isso é o mais importante.

E ele ficou mesmo. Dever cumprido, e Leo fica com a certeza de que mais uma jornada, apesar das dificuldades, transformou-o em uma pessoa melhor.

* * *

---

119 calejada: acostumada, preparada

# CAPÍTULO 42

Domingo. Dois meses depois da inauguração da "Escola Da Vinci", o almoço familiar será especial. Joana está super ansiosa, pois encontrará, pela primeira vez, a namoradinha que vem transformando a vida de seu filho. Ela preparou um risoto ao *funghi* bem *light*, pois Leo já tinha avisado que Helena tinha hábitos alimentares leves e que seu pai era vegetariano. Joana, que já estava cheia de ciúmes, achou frescura e comentou:

- *Light*? Essa menina está em fase de crescimento, precisa se alimentar bem. Leo, você não ficar comendo só folhinhas, hein! Tem que comer aquela picanha para te dar sustância[120], meu filho.

Leo nem ligou. Conhece sua mãe, e sabe que terá que ter paciência nesse momento. Por volta das onze horas da manhã, o interfone toca e Joana libera a subida.

- Leo! Ela chegou! – berra da cozinha.

Leo sai de seu quarto e vai até a sua mãe, para as últimas instruções.

- Mãe, lembra do que combinamos?
- Sim – ela concorda um pouco contrariada.
- Então, vamos revisar.
- Não vou questionar os hábitos alimentares dela.
- Isso. O que mais?
- Não vou ficar fazendo questionamentos exagerados.
- Vou confiar na sua capacidade de julgar o que é exagerado, hein. E o mais importante...
- Não vou te tratar como um bebê.
- Muito bem, mãe, eu te amo – e dá um beijo na bochecha de Joana, que rala na frente do fogão.

A campainha toca, e Leo abre a porta.

- Oi, meu amor! – ele cumprimenta, dando um selinho na namorada.
- Oi, paixão.

Joana ouve e se contorce de ciúmes.

- Entre. Vou te mostrar a casa.

O casal entra de mãos dadas na cozinha, e Leo apresenta sua mãe:

- Lena, essa é minha mãe.

---

120 Sustância: que alimenta, que revigora

- Oi, Joana, tudo bem?
Joana acha a menina muito despachada[121] por não chamá-la de "tia", "dona" ou "senhora", mas sua simpatia é incontestável.
- Tudo. Nooooossa, você é muito bonita! E simpática, também.
- Obrigada.
Leo dá uma piscadinha de olho para sua mãe, como se dissesse: "Valeu!"
- Venha, Lena. Vou te mostrar o resto da casa.
Ele a leva até a varanda, passando pela sala. Depois, vai até o escritório e apresenta seu pai, que não dá muita atenção, já que está trabalhando no computador. Por fim, Leo a leva até o seu quarto e encosta a porta, deixando somente uma fresta.
- Sua casa é muito maneira, Leozinho.
- Eu também gosto. Meus pais trabalharam muito para comprá-la e decorá-la.
- Eu moro na vila desde que nasci. Aquela casa é da família desde o bisavô da minha mãe.
- Que legal!
Sentados na cama, o casal conversa e procura se conhecer um pouco mais, trocando informações sobre suas famílias. O papo flui levemente e com demonstrações de carinho.
Por volta de doze e trinta, Joana convoca todos para a mesa. Carlos salva seus arquivos e desliga o computador. Leo e Helena saem do quarto. No exato momento em que todos se sentam, a campainha toca. Joana, que esta em pé, servindo a todos, abre a porta e dá de cara com seu irmão.
- *Hello*, Jô – ele entra e dá um beijo na testa da irmã. – *Yes*, cheguei na hora certa!
- Alexandre, já pedi para você avisar quando vier almoçar – ela comenta um pouco irritada.
- Qual o problema? No domingo, você sempre faz muita comida – responde enquanto se senta à mesa. – Sempre sobra.
- É, Xandão, mas hoje temos uma visita.
Alexandre procura entre os presentes e encontra, ao lado de seu sobrinho, uma lourinha de olhos verdes.
- *Hello, my dear*. Então, você é a famosa Helena.
- Não sou tão famosa assim – ela responde, enquanto dá uma garfada em seu risoto.

---

121 Despachada: extrovertida

- Acho que você é mais famosa que sua xará, de Troia. Pelo menos, eu não escuto outro nome há uns cinco meses – comenta Alexandre

- Vocês sabiam que minha mãe escolheu meu nome exatamente assim? – Helena pergunta.

- É mesmo? – Carlos pergunta incrédulo.

- Minha mãe é professora de História e apaixonada por Mitologia Grega. Ela me deu o nome em homenagem a Helena, de Troia.

- Você não tinha me contado isso ainda – observa Leo.

- Faltou oportunidade, paixão.

A cada carinho ou palavra de afeto entre o casal, Joana fazia uma careta. Depois de tanto suportar, ela não aguenta e comete uma falha, ferindo o acordo feito com seu filho:

- Mudando de assunto. Helena, seu pai não liga de vocês ficarem sozinhos no quarto?

Leo faz uma cara de ódio para sua mãe e, antes de intervir, Helena resolve responder.

- Joana, na verdade, a relação com meus pais é bem diferente das que observo nas outras famílias. Meu pai está sempre me orientando sobre tudo e confia em mim. Ele me dá muita liberdade e, em contrapartida, eu devo me responsabilizar por isso.

- Legal. Uma educação com autonomia – comenta Carlos.

- Inclusive, tudo a ver, ideologicamente[122] falando, com a Escola Da Vinci – observa Alexandre, recebendo o apoio de todos, menos Joana, que fica cabisbaixa e resolve dar mais uma alfinetada.

- Você já contou para ele que está namorando?

- Pai e mãe serão sempre pai e mãe. Pai de menina é super ciumento. Enquanto eu estava só paquerando o Leo, eu não contei. Depois da primeira semana em que estávamos juntos, eu resolvi contar. Ele fez algumas perguntas sobre o Leo, tivemos um papo-cabeça e foi só.

A confiança e maturidade de Helena irritam cada vez mais Joana. Porém, ela sabe reconhecer o valor da menina e resolve parar de implicar com ela. Alexandre puxa outro papo.

- Por falar na Escola, tive uma grande ideia, Carlos.

Se não fosse o sucesso do curso, muito devido às ideias de Alexandre, Carlos daria um fora no cunhado, que perturba todo momento com uma nova proposta.

---

122 Ideologicamente: filosoficamente, em relação as ideias

Ele olha para Alexandre e responde, sem dar muita trela:
- Legal.
- Qual é a ideia, tio? – pergunta Leo, curioso.
Alexandre coloca o garfo sob o prato e se prepara para o relato.
- Andei pesquisando e achei um conteúdo fundamental para colocarmos em todos os nossos cursos. Vai ser um grande diferencial para nossos alunos, para o mercado de trabalho, e consequentemente um diferencial competitivo para a "Escola Da Vinci".
- Qual conteúdo é esse? – pergunta Joana.
Alexandre começa a explicar e consegue a atenção de todos à mesa.
- Vivemos em uma sociedade de intenso consumo. As pessoas não têm conhecimento sobre a importância de se evitar o desperdício e consumir conscientemente. As empresas e a sociedade, de uma forma geral, acumulam perdas significativas por isso. Seria fundamental educarmos nossos alunos sobre esse aspecto.
- Entendi e achei bem interessante, tio, mas como seria exatamente isso?
- Podemos resumir tudo que falei e mais outros conceitos em lições sobre sustentabilidade. A minha ideia é criar um módulo em todos os cursos que oferecemos com esse tema.
- Você sabe que isso aumentaria nossos custos, não é? – Carlos sempre preocupado com a questão financeira.
- É óbvio que eu sei. Contudo, eu acredito que a relação custo x benefício seria favorável a nós – responde Alexandre.
- Alexandre? – Helena o chama.
- Sim, Helena.
- Achei muito legal o que você falou. Ainda por cima, porque estou acostumada a ouvir sobre esse assunto todos os dias.
- Por quê? – pergunta Leo.
- Meu pai é biólogo e trabalha em uma fundação não governamental dedicada à pesquisa e disseminação de questões pró-sustentabilidade ambiental.
- *That's great.* Ele poderia nos ajudar nesse processo. Melhor ainda, ele poderia montar o programa e preparar o material.
- Tenho certeza que ele adoraria. Essa questão para ele é uma missão de vida. Ele respira sustentabilidade.
Alexandre fica eufórico. Carlos mantém seu ceticismo[123], preocupado com os custos. Leo fica orgulhoso de sua namorada, pela maneira como falou. Joana fica

---

123 Ceticismo: que não acredita

ainda mais ciumenta, por mais um ponto marcado por Helena junto à família. Depois desse curto diálogo, Alexandre ficou dando exemplos sobre aplicabilidades do conteúdo e falou sobre a responsabilidade social que a Escola deveria ter, para aumentar ainda o apelo[124] do módulo.

Ao final do almoço, Joana recolheu os pratos e requisitou a ajuda de seu marido e de seu irmão para cuidarem da louça a três. Leo e Helena se sentaram no sofá à frente da televisão e continuaram o assunto iniciado à mesa.

- Você havia comentado que seu pai era biólogo, mas eu pensei que ele fosse professor.

- Ele é professor, mas no momento só dá aulas à noite em universidades.

- E sua mãe?

- Ela é professora de História, mas também só dá aula para o Ensino Superior. Ah... e trabalha na fundação também.

Depois de uma pausa, ela continua:

- Meu pai sempre foi ligado na questão ambientalista. Uma herança do meu avô, que era um verdadeiro *hippie*. Porém, não era um *hippie* alienado, mas um ativista[125]. Meu pai e minha mãe se conheceram assim, em um congresso, meu pai palestrou e minha se apaixonou à primeira vista. Ele a encaminhou no ambientalismo.

- Interessante. O que significa exatamente sustentabilidade?

- É um termo muito amplo. É uma forma de pensar com muitas aplicações. Por exemplo...

Helena avança e dá um beijo melado e curto em Leo. Ele adora e quer entender a relação entre a conversa e o beijo, mesmo que a atitude não precise de explicação.

- Você entendeu? – ela pergunta.

- Não.

- Então, vamos procurar o conceito na *Net* para que você entenda melhor.

Entretanto, isso é uma outra história...

\* \* \*

---

[124] Apelo: pedido, interesse
[125] Ativista: militante, que luta por algo

# BIBLIOGRAFIA

BARROS, Henrique Lins de. Santos-Dumont e a invenção do voo, 2ª Ed. Rio de Janeiro: Jorge Zahar Ed., 2004.

BOSE, Partha Sarathi. Alexandre, o Grande: a arte da estratégia. Rio de Janeiro: Best Seller, 2006.

BLANCHARD, Kenneth, HUTSON, Don e WILLIS, Ethan. O empreendedor-minuto. Rio de Janeiro: Sextante, 2008.

BRITTO, Francisco e WEVER, Luiz. Empreendedores brasileiros: vivendo e aprendendo com grandes nomes. Rio de Janeiro: Elsevier, 2003.

COLOMBO, Cristóvão. Diários da descoberta: as quatro viagens e o testamento. Porto Alegre: L&PM, 1998.

COX, Michael. Leonardo da Vinci e seu supercérebro. São Paulo: Companhia das Letras, 2004.

DOLABELA, Fernando. Pedagogia Empreendedora. São Paulo: Cultura, 2003.

DOLABELA, Fernando. O segredo de Luísa. São Paulo: Cultura, 1999.

GOLEMAN, Daniel(org.). Os grandes empreendedores. Rio de Janeiro; Elsevier, 2007.

HASHIMOTO, Marcos. Lições de empreendedorismo. Barueri, SP: Manole, 2009

HELLER, Robert. Entenda e coloque em prática as ideias de Bill Gates. São Paulo: Plubifolha, 2000.

KAHNEY, Leander. A cabeça de Steve Jobs. Rio de Janeiro: Agir, 2009.

KING, Martin Luther; selecionado e organizado por CARSON, Clayborne e SHEPARD, Kris. Um apelo à consciência: os melhores discursos de Martin Luther King. Rio de Janeiro: Jorge Zahar Ed., 2006.

MAXWELL, John. Pequeno manual para grandes empreendedores. Campinas, SP: United Press, 1999.

NULAN, Shervin. Leonardo da Vinci. Rio de Janeiro: Objetiva, 2001.

SASSIER, Martine. Cristóvão Colombo. São Paulo: Augustus, 1998.

SOUZA, Cesar. Você é do tamanho dos seus sonhos: um passo a passo para fazer acontecer e ter sucesso no trabalho e na vida pessoal. Rio de Janeiro: Agir, 2009.

STEFOFF, Rebecca. Charles Darwin: a revolução da evolução. São Paulo: Companhia das Letras, 2007.

**SITES DA INTERNET:**

http://nobelprize.org
http://pt.wikipedia.org
htpp://site.casasbahia.com.br/noticiasDetalhe.do?cod=442
http://suapesquisa.com.br

## A Academia de Leonardo
**Lições sobre Ética**

Autores: Fabio Benites
　　　　Bruno Perrone
　　　　Mizael Silva

200 páginas
1ª edição - 2012
Formato: 16 x 23
ISBN: 978-85-399-0222-4

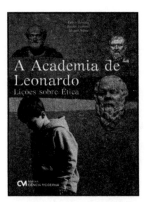

Qual a importância da reflexão ética na formação dos jovens?
Esta obra foi produzida com o objetivo de realizar uma contribuição para uma educação pautada em valores sólidos como virtude, amizade, empatia, autonomia e iniciativa. Em oposição a uma metodologia bancária, de depósitos de informações, a história valoriza e concretiza um processo ensino-aprendizagem dialético e em mão dupla.

Leonardo, um jovem de comportamento inconstante e com dificuldade de compreensão de normas sociais, trilha uma jornada de descobertas e desenvolve reflexões transformadoras. O contato com conceitos éticos modifica a vida desse jovem para sempre, assim como ajudará a transformar a sua.

**À venda nas melhores livrarias.**

## Redação Criativa
### NÃO É um BICHO-DE-SETE-CABEÇAS

Autor: Sérgio Simka

200 páginas
1ª edição - 2009
Formato: 16 x 23
ISBN: 978-85-7393-818-0

Este livro apresenta sugestões para uma nova metodologia do processo de escrita, ao instaurar uma nova consciência textual. Essa nova consciência é que vai desencadear um novo olhar sobre o produtor do texto, a começar pela auto-valorização, como sujeito que possui todas as qualidades para tornar-se uma pessoa competente na escrita, que sabe que sabe escrever. É essa consciência que vai lhe permitir enfrentar de outra maneira os desafios da escrita, alicerçado que está numa ideia fundamental: a grande receita para escrever é que não existe receita, a não ser se a tal fórmula possa ser interpretada como um conjunto de práticas em torno das quais giram a leitura e a escrita constante, frequente, sistemática, diária, prazerosa. Este livro aponta para a necessidade de uma nova pedagogia do ensino da escrita centrada no essencial, que é a pessoa que escreve. Concedendo-lhe a motivação necessária, o carinho básico, o resultado é fantástico.

À venda nas melhores livrarias.

**Impressão e Acabamento**
Gráfica Editora Ciência Moderna Ltda.
Tel.: (21) 2201-6662